Aline Ruß

Franzose, Pole, Spanier oder Italiener?

Eine perzeptionslinguistische Studie über die Identifizierungssystematiken deutscher Muttersprachler gegenüber fremdsprachlichen Akzenten

Aline Ruß

FRANZOSE, POLE, SPANIER ODER ITALIENER?

Eine perzeptionslinguistische Studie über die Identifizierungssystematiken deutscher Muttersprachler gegenüber fremdsprachlichen Akzenten

ibidem-Verlag
Stuttgart

Bibliografische Information der Deutschen Nationalbibliothek
Die Deutsche Nationalbibliothek verzeichnet diese Publikation in der Deutschen Nationalbibliografie; detaillierte bibliografische Daten sind im Internet über http://dnb.d-nb.de abrufbar.

Bibliographic information published by the Deutsche Nationalbibliothek
Die Deutsche Nationalbibliothek lists this publication in the Deutsche Nationalbibliografie; detailed bibliographic data are available in the Internet at http://dnb.d-nb.de.

Coverabbildungen [von links nach rechts]: © Gabriele Planthaber / PIXELIO; © Cigdem Büyüktokatli / PIXELIO; © Jerzy / PIXELIO; Fountain of Cybele with the Palacio de Linares (*House of the Americas* headquarters) in the background. Madrid, Spain. Picture: Miguel A. Monjas. Source: http://commons.wikimedia.org/wiki/File:Cibeles_con_Palacio_de_Linares_al_fondo.jpg?uselang=de. Lizenziert unter der Creative-Commons-Lizenz 2.5 (s. http://creativecommons.org/licenses/by/2.5/deed.de)

∞

Gedruckt auf alterungsbeständigem, säurefreien Papier
Printed on acid-free paper

ISBN-13: 978-3-8382-0442-0

Printed in Germany

Inhaltsverzeichnis

Tabellenverzeichnis

1 Einleitung

Die vorliegende Arbeit betrachtet das Phänomen des fremdsprachlichen *Akzents* (vgl. Abschnitt 3.4) aus perzeptionslinguistischer Sicht. Multilingualität und Globalisierung machen die Konfrontation mit akzentreicher Sprache zu einem alltäglichen Phänomen. Wie einzelne Fremdsprachen ausgesprochen werden sollten, wird jedem Sprachlerner[1] im Fremdsprachenunterricht oder durch Muttersprachler[2] bei ungesteuertem Zweitspracherwerb[3] vermittelt. Doch wie sieht es mit der Hörerperspektive aus? Wie geht ein Hörer mit akzentbeladenen Varianten seiner Muttersprache[4] um? Mit welchen perzeptiven Kategorien orientiert sich der Laie, um einen Akzent frei[5] zu identifizieren, und inwieweit lassen sich diese Systematiken linguistisch erklären? Mit diesem, auf perzeptives linguistisches Laienwissen ausgerichteten Forschungsgegenstand, stößt die vorliegende Arbeit in einen noch sehr jungen Bereich der *Angewandten Linguistik*[6] vor: die perzeptive Linguistik. Eine Ausprägung dieser Forschungsrichtung ist u.a. die *perceptual dialectology*. Untersuchungsgegenstand sind dabei diatopische und perzeptive Abgrenzungen von Dialekten[7]. Die vorliegende Arbeit jedoch behandelt den Aspekt des fremdsprachlichen Akzents in Verbindung mit laienlinguistischer[8] Perzeption und Identifikation. Akzentidentifikation wurde in den meisten der wenigen Fälle bisheriger Forschung allenfalls als Mittel zum Zweck genutzt. Studien, bei denen Akzentidentifikation und deren laienlinguistische Begrün-

---

[1] In der vorliegenden Arbeit wird auf geschlechtsspezifische Bezeichnungen wegen mangelnder Relevanz verzichtet. Es wird, außer bei explizit wichtiger Geschlechternennung, die männliche Variante benutzt.

[2] In der gesamten Arbeit wird auf diesen Terminus die Bedeutung des „*Native speaker*" übertragen: „[…] der über ideale sprachl. Kompetenz verfügende Ideale Sprecher-Hörer einer bestimmten Einzelsprache" (Glück 1993: 412).

[3] Siehe hierzu weiterführend Klein (1992).

[4] Für diese Arbeit ist die allgemeine Definition von „Muttersprache" als „Sprache, die ein Mensch als Kind von den Eltern erlernt [u. primär im Sprachgebrauch] hat" (Meyers enzyklopädisches Lexikon 1980: 1837) ausreichend.

[5] Damit ist die konkrete Identifikation der akzentgebenden Sprache und nicht etwa die bloße Aufspürung eines Akzents, wie bei *accent-ratings* (vgl. Abschnitt 2.1), gemeint.

[6] Die Angewandte Linguistik ist eine interdisziplinäre Ausrichtung der Linguistik und arbeitet kooperierend mit anderen Wissenschaften zusammen (vgl. Bußmann 2008: 42).

[7] „Sprachliche Varietät mit begrenzter räumlicher Geltung im Gegensatz zur überdachenden Standardsprache" (Bußmann 2008: 131). Somit wird der Dialekt in dieser Arbeit eindeutig als einzelsprachimmanent definiert.

[8] Mit den Termini „linguistische Laien" oder „laienlinguistisch" werden fachlich linguistisch ungebildete Sprachbenutzer bezeichnet.

dungen im Vordergrund stehen, wurden nach meinem Wissen bisher kaum durchgeführt. Lediglich Vieru-Dimulescu und Boula de Mareüil (2006) kommen in ihrer Studie einer solchen Untersuchungskonzeption nahe. Allerdings untersuchten sie Akzente in französischer Zielsprache[9] und legten wenig Gewicht auf die genauen laienlinguistischen Begründungen zu der Sprachwahl. Im Unterschied zu der Forschung von Vieru-Dimulescu/Boula de Mareüil (2006) identifizieren in der vorliegenden Arbeit deutsche Muttersprachler fünf Sprecherinnen aus Spanien, Italien, Frankreich und Polen, die einen deutschen Text vorlesen. Aufgabe der Informanten ist es, frei[10] anzugeben, welche phonetischen Merkmale sie zu welcher Muttersprachzuweisung bewegt haben. Um zu vermeiden, dass allzu „bekannte" saliente[11] Merkmale der betrachteten Sprachen[12] produziert und wahrgenommen werden, weisen die nicht-deutschen Sprecherinnen einen sehr geringen Akzent auf. Damit beabsichtige ich, auch gröbere Orientierungskategorien der linguistischen Laien elizitieren zu können.

Die vorliegende Arbeit verfolgt das Forschungsziel, einen Beitrag zur Erforschung der Systematik von Akzentperzeption und Ergründung von Sprachbildern linguistisch unausgebildeter Sprachbenutzer zu leisten. Mit anderen Worten wird versucht, Ansätze für Perzeptionskategorien der Hörer in Bezug auf Akzente zu erarbeiten und in ihnen sprachwissenschaftliche Logik zu suchen. Die Arbeit wird offen und auf fachlicher Ebene breit statt tief angelegt. Diese holistisch-explorative Arbeitsweise verfolgt den Zweck, allen eventuell relevanten Perzeptionskategorien und laienlinguistischen Nennungen, die zur Aufstellung einer Systematik beitragen könnten, Raum zu geben. Aus diesem Grund wurden an Stelle von Hypothesen Forschungsfragen formuliert. Die hier elizitierten Kategorien und Akzentbilder sollen Wegbereiter für weitere Studien auf diesem noch jungen Forschungsgebiet sein. Folgende Forschungsfragen werden aufgestellt:

---

[9] Mit dem Begriff „Zielsprache" wird hier stets die akzentbeladene Einzelsprache bezeichnet. Im Kontrast dazu steht die „akzentgebende Sprache". Sie bezeichnet die Einzelsprache, welche die Zielsprache mit ihren sprachlichen Merkmalen belädt.

[10] Wird von „freier" oder „offener" Angabe von Nennungen gesprochen, so meint dies Angaben ohne jegliche explizit vorgegebenen Antwort-Kategorien.

[11] Der Begriff *Salienz* geht auf Viktor Schirmunski zurück. Er benutzt diesen Terminus für „Auffälligkeit", d.h. „[...] Merkmale, die in der kognitiven Wahrnehmung des Sprechers/Hörers ‚Abweichungen' von etwas (hier: von der Standardsprache) darstellen" (vgl. Lenz 2010: 90).

[12] Wie beispielsweise das [v] an Stelle von /b/ oder dessen starke Lenisierung (vgl. Abschnitt 3.1) für Spanisch-Muttersprachler.

1. „Wie sind die quantitativen Akzentzuweisungen verteilt und was lässt sich daraus ableiten?"

Hier sollen zunächst alle Akzentzuweisungen quantitativ ausgewertet werden. Daraufhin soll eine qualitative Auswertung der dazugehörigen Begründungen durchgeführt und mögliche linguistische Erklärungen gesucht werden. Daraus ergibt sich die zweite Forschungsfrage:

2. „Auf welche Parameter stützen sich linguistische Laien bei der Perzeption und Identifikation eines Akzents und lassen sie sich linguistisch erklären?"

Aus der Beantwortung der ersten Forschungsfrage ergibt sich, dass Französisch und Polnisch den Informanten interessanter Weise als Orientierungsakzente gedient haben. Dieses Phänomen wird in Forschungsfrage 3 mit Hilfe der Ausführungen aus Forschungsfrage 2 beleuchtet:

3. „Lässt sich die korrekte Identifikation der französischen und der polnischen Muttersprachlerin linguistisch erklären?"

Auch Forschungsfrage 4 basiert auf einem quantitativen Ergebnis aus Frage 1 und wird wiederum anhand der Erläuterungen zu Frage 2 genauer untersucht:

4. „Anhand welcher Aspekte werden die zweite Spanischsprecherin und die Italienerin beide relativ-mehrheitlich für eine Polin gehalten?"

Eingangs wird die Vorgehensweise der vorliegenden Studie aus dem Forschungsüberblick zur *perceptual dialectology* und einer methodisch ähnlichen Akzentperzeptionsstudie abgeleitet und legimitiert. Um Grundlagen für die Ergebnispräsentation zu schaffen, werden phonetische und phonologische Basisbegriffe und ein Überblick zu den wichtigsten phonologischen Merkmalen der hier relevanten fünf Sprachen Deutsch, Französisch, Polnisch, Spanisch und Italienisch gegeben. Ins Detail gehend, wird dann das Konzept des Akzents und die relevante Unterscheidung zwischen Perzeption und Repräsentation erläutert. Im darauffolgenden Abschnitt beschreibe ich das methodische Vorgehen der empirischen Studie, um anschließend die Forschungsergebnisse entlang der vier Forschungsfragen darzustellen. Die Arbeit schließt mit einer kritischen Reflexion und einem Fazit mit Ausblick.

2 Forschungsüberblick

Im Folgenden soll zunächst eine Zusammenschau neuerer Akzentstudien dargestellt werden, um zu zeigen, dass zwar Vieles in dieser Richtung untersucht wird, freie Akzentidentifikation jedoch bisher nur sehr spärlich erforscht wurde. Zudem werden einige Beispielstudien aufgezeigt, die sich mit der Frage nach dem perzeptiven Einfluss segmentaler und suprasegmentaler Einheiten beschäftigen. Diese Problematik wird in der vorliegenden Studie allerdings nur *en passant* gestreift, da mein Forschungsziel ein anderes ist. Nichtsdestominder können auch hierzu in einem explorativen Rahmen Vermutungen elizitiert werden. Anschließend stelle ich das Konzept der *perceptual dialectology* vor, um eine neue Herangehensweise an das Thema „Akzentperzeption" aufzuzeigen. Darauffolgend wird eine Studie vorgestellt, die der hier vorliegenden in ihrer Untersuchungskonzeption sehr ähnlich und daher für meine Studie grundlegend ist.

2.1 Allgemeiner Überblick zu Akzent-Studien

Untersuchungen rund um den Akzent sind von großer Zahl und die Themen divers. Einen großen Platz nehmen *Age-of-Learning*-Studien (z.B. Asher/García (1969), Piske/MacKay/Flege (2001)) ein. Sie knüpfen damit an die Diskussion der *Critical Period Theory* von Lenneberg (1967) an. McAllister (1998) behandelt die Frage, ob L2[13]-Sprecher andere L2-Sprecher besser verstehen als entsprechende L1-Sprecher. Ähnliche Arbeiten legen Weber/Poellmann (2010) und Weber/Broersma/Aoyagi (2011) mit z.B. der Frage vor, wie sich Akzent- und Zielsprachenvertrautheit auf Entdeckung eines Akzents bei L2-Produktion auswirkt. Yuan/Jiang/Song (2010) zeigen, dass Sprecher den Akzent ihrer L1 in einer L2 weniger stark wahrnehmen als Akzente anderer Sprachen. Alle hier aufgeführten Studien[14] arbeiteten mit *accent-rating*, also der Angabe der perzipierten Akzentstärke der Sprecher durch linguistische Laien. Studien zur Akzentidentifikation sind selten.

2.2 Studien zu Segmentalia und Suprasegmentalia bei Akzentidentifikation

Im Falle von Studien mit konkreter Akzentidentifikation ist jene meist nur ein Mittel zum Zweck. Forschungsziel ist in diesen Fällen die Frage, ob es eher segmentale oder suprasegmentale Merkmale (vgl. Abschnitt 3.2) der Sprachen sind, durch welche die akzentgebende Sprache korrekt identifiziert wird. In dieser Studie wird das ursprüngliche Mittel, Akzentidentifikation, zum Zweck umfunktioniert und die ursprüngliche Forschungsfrage nach den Segmentalia und Suprasegmentalia lediglich gestreift. Für mein exploratives Vorgehen ist sie in jedem Falle interessant. Welche der beiden

[13] L1 bezeichnet die Muttersprache eines Sprechers (vgl. Abschnitt 1), L2 bezieht sich auf eine Zweit- oder Fremdsprache (vgl. Kolly 2011: o.S.).

[14] Eine ausführliche Darstellung zu diesem Thema leistet z.B. Jesney (2004).

Merkmalstypen also lenken die konkrete Akzentidentifikation am stärksten? Aktuelle Studien stellen, bei Akzentidentifikation zweier Sprachen, eine größere Relevanz der Prosodie (vgl. Abschnitt 3.2) fest. Boula de Mareüil/Marotta/Adda-Decker (2004) zeigen dies am Beispiel der Identifikation des spanischen und italienischen Akzents. Sie kreuzen, basierend auf dem *prosody transplantation paradigm*[15] (PTP), segmentale Marker der einen Sprecher (Spanier oder Italiener) mit allen prosodischen Markern eines jeweils anderen Sprechers. Der Betrachtungsfokus liegt auf der Intonation und dem Sprechrhythmus, welche in den Ergebnissen die Hauptrolle bei der Identifikation des spanischen bzw. italienischen Akzents spielen. In einer weiteren Studie von Vieru-Dimulescu/Boula de Mareüil (2005) mit spanischen, italienischen und entsprechenden bilingualen Sprechern stellen sie auch hier ein, wenn auch nur leichtes, Übergewicht der Prosodie gegenüber segmentalen Faktoren fest. Für eine höhere Relevanz der segmentalen Merkmale dagegen spricht z.B. die Studie von Brahimi/Boula de Mareüil/Gendrot (2004), die erneut auf dem PTP basiert. Bei der Kreuzung segmentaler und suprasegmentaler Charakteristika maghrebinischer und französischer Muttersprachler ist hier die Artikulation der Phoneme für die Akzentidentifikation entscheidend. Auch die in Abschnitt 2.5 erläuterte Studie von Vieru-Dimulescu/Boula de Mareüil (2006) zeigt ein solches Ergebnis. Dementsprechende Resultate scheinen jedoch seltener.

Eine weitere sinnvolle Frage bei der Betrachtung des Einflusses segmentaler und suprasegmentaler Elemente ist die nach der stärkeren Salienz. Hierzu wurde in den oben angeführten Studien mit Akzentidentifikation jedoch nichts veröffentlicht. Dies könnte daran liegen, dass bei Akzentidentifikationsstudien die meistgenannten Marker nicht zwingend auch die perzeptiv salientesten sind. Werden segmentale oder suprasegmentale Elemente häufiger genannt als die jeweils andere Gruppe, so bedeutet dies im Grunde genommen nur, dass sie die meistformulierten Marker waren. Die einzige valide Aussage darüber könnte also sein, dass die am meisten genannten Merkmale diejenigen sind, die für linguistische Laien am leichtesten verbalisierbar und eventuell auch bewusster sind (vgl. Abschnitt 5.2.2).

Zusammenfassend ist festzustellen, dass bei der konkreten Akzentidentifikation zweier Einzelsprachen prosodische, also suprasegmentale, Elemente tendenziell eine

[15] Hierbei wird die prosodische Struktur einer Äußerung extrahiert und in eine andere Äußerung mit gleichem segmentalem Inhalt eingesetzt (vgl. Hancil 2009: 376). Siehe weiterhin z.B. Garcia u.a. (2006).

größere Rolle als segmentale Merkmale zu spielen scheinen. Es muss erwähnt werden, dass hier wahrscheinlich die betrachteten prosodischen Merkmale, die Muttersprache der Hörer, sowie Akzent- und Zielsprache einen großen Einfluss haben. Bezüglich der größeren Salienz segmentaler oder suprasegmentaler Marker generell kann lediglich angegeben werden, welche am meisten genannt werden.

2.3 Ansätze der perzeptiven Linguistik

Im Folgenden werden das Konzept der perzeptiven Linguistik und die daraus entsprungenen Ansätze, insbesondere jener der *perceptual dialectology* (PD), dargestellt. In der Sprachwissenschaft blieb die Seite der Sprachperzeption lange ein empirisch und theoretisch vernachlässigtes Forschungsfeld. Auditiv begründete Ansätze für die Beschreibung lautlicher Sprachstrukturen, wie z.B. der nach Jakobson/Fant/Halle (1952), konnten sich nicht durchsetzen, obgleich einer der Schlüsseltermini der *strukturalistischen Phonologie*[16] *Distinktivität*[17] lautet. Phonetische Distinktivität fußt jedoch gerade auf Perzeption. Selbst die Zweigdisziplin der Phonetik, die *perzeptive Phonetik*[18], hinterließ keine folgenreichen Spuren (vgl. Krefeld/Pustka 2010: 9). Mitte des 20. Jahrhunderts fand schließlich eine neue perzeptive Forschungsrichtung ihre Anfänge: die sogenannte *Volkslinguistik* oder *folk linguistics*, angeregt von u.a. Hoenigswald (1966). Es entstand die Idee, neben Expertenwissen auch das Wissen linguistischer Laien, also ihre Einstellungen und Theorien über Sprache, in Betracht zu ziehen und zu erforschen (vgl. Wilton/Stegu 2011: 1). Erst seit den 1980er Jahren wurde diese neue Forschungsrichtung intensiviert und systematischer angegangen, z.B. von Brekle (1985). Vorrangig sind hier jedoch die Arbeiten von Dennis R. Preston in den USA zu nennen. Er festigte diese linguistisch-wissenschaftliche Neuheit mit seinen ersten Werken über PD (z.B. Preston 1982, Preston 1999, Long/Preston 2002) und *folk dialectology* (beispielsweise Preston 1993a) bzw. *folk linguistics* (z.B. Preston 1993b, Preston/Niedzielski 2000). Ferner schrieb beispielweise Antos (1996) ein Werk zu *Laien-Linguistik.* Forschungsinteresse ist hierbei stets der Kontrast und Vergleich zwischen „*folkbelief*" (Preston/Niedzielski 2000: VIII) und „*scientific belief*" (diess. 2000: 41) zur Generierung von neuem Wissen. Dies kann auf zwei Arten verlaufen: Einerseits ist es möglich, dass linguistische Laien dort eine Systematik

---

[16] Siehe hierzu weiterführend z.B. Trubetzkoy ([1939] 1977).

[17] „Distinktiv" lässt sich definieren als: „Eigenschaft phonologischer Merkmale, die ‚bedeutungsunterscheidende Funktion' haben" (Bußmann 2008: 145).

[18] Siehe z.B. Pompino-Marschall (2003), Kapitel 3, „Perzeptive Phonetik".

oder Relevanz sehen, wo in der Linguistik keine angenommen wird. Andererseits könnten sie dort, wo von sprachwissenschaftlicher Seite aus eine Systematik bestehe, selbst keine erkennen. Basis für diese Bereicherung durch Vergleich bildet die laut Kretzschmar (1999: XVII) dezisive Eigenschaft der menschlichen Sprache, dass zwischen Produktion und Perzeption eine Diskrepanz vorherrsche. Bezogen auf Dialekte bestätigte sich diese Annahme im Rahmen zweier Studien in den Niederlanden und in Japan Mitte des 20. Jahrhunderts. Hierbei kristallisierte sich ein starkes Missverhältnis zwischen den von Laien aufgezeigten und den tatsächlichen Dialekt-Grenzen heraus. Laienlinguistische Ansichten werden im Rahmen aller dieser Forschungen, sowie auch im vorliegenden Werk, als simple Auffassungen über Sprache verstanden. Dabei ist es nicht entscheidend, ob diese Ansichten wissenschaftlich falsch oder richtig sind (vgl. Preston/Niedzielski 2000: VIII). Sie sind, wenn auch nicht von Experten geäußert und eventuell fehler- oder lückenhaft, dennoch relevant (vgl. Anders/Hundt/Lasch 2010: XV). In Deutschland hat die PD (zu Deutsch u.a. *Wahrnehmungsdialektologie* (vgl. Anders/Hundt/Lasch 2010: XI)) erst in den letzten Jahren Fuß gefasst. Insbesondere die Arbeiten von Christina Ada Anders, Markus Hundt und Alexander Lasch sind hier dezisiv. Sie konkretisieren und erweitern das von Dennis Preston etablierte Untersuchungsfeld der PD durch folgende Punkte: (1) Ermittlung mentaler Dialekt-Landkarten, (2) Ermittlung perzipierter Dialektmerkmale, (3) Ermittlung assoziierter Merkmale unterschiedlicher Dialekte und (4) Ermittlung außersprachlicher Einstellungen zu den Dialekten und ihren Sprechern (vgl. Anders/Hundt/Lasch 2010: XIff.). Methodisch können in Anlehnung an Krefeld/Pustka (2010: 15f.) die sich ergänzenden Untersuchungskonzeptionen wie Befragungen, Beobachtungen, Imitations-Experimente, Karikaturen und perzeptive Experimente angewendet werden. Spiekermann (2010) schlägt ferner den Zugang zu sprachlichem Wissen über visuelle Eindrücke vor. Hier werden die mit Dialekten assoziierten Formen und Farben erforscht.

Im folgenden Abschnitt wird ein Teil der konzeptionellen und methodischen Ausrichtung der PD auf eine neue Orientierung der perzeptiven Linguistik mit Fokussierung auf den fremdsprachlichen Akzent übertragen.

2.4 Übertragung der Untersuchungskonzeption der PD auf perzeptive Akzentforschung

Aus den vorangegangenen Äußerungen ergibt sich, dass neben Dialekten auch die Untersuchung einer einzelsprachüberschreitenden, nicht-standardsprachlichen Realisierung von Sprache, des Akzents, bereichernd wäre. Für die vorliegende Studie ist die Herangehensweise der PD fundamental und kann folgendermaßen genutzt werden:

Die Kontrastierung der PD könnte hier zwischen linguistischem Wissen über Phonetik und Phonologie von Sprachen und dem tatsächlich realisierten und perzipierten Akzent eines Nicht-Muttersprachlers stattfinden. Ergebnisse dieser Kontrastierung könnten u.a. Erkenntnisse darüber liefern, welche der linguistisch fundierten Merkmale einer Sprache auch *de facto* wahrgenommen werden und wie genau sie perzipiert werden. Dies ist allerdings nicht Forschungsziel dieser Studie, da sie auf Grund ihrer Größe und ihres Rahmens nur wenig repräsentativ und valide sein kann. Außerdem kann keine dafür erforderliche physikalische Analyse der tatsächlichen Realisierungen der Sprecherinnen durchgeführt werden.[19] Überdies bezweckt die vorliegende Studie primär explorativ und nicht spezifiziert vorzugehen. Hinsichtlich Punkt (1) der Forschungsziele der PD (nach Anders/Hundt/Lasch 2010, vgl. Abschnitt 2.3) können zwar keine mentalen Landkarten ermittelt werden, da von geometrischen Aspekten zugunsten des Nationalsprachenkonzepts[20] auf *langue* und *parole*-Ebene abgesehen wird. Dennoch werden perzipierte und assoziative Akzent-Grenzen ermittelt. Dies bedeutet, dass untersucht wird, welche phonetischen und phonologischen Merkmale zum jeweiligen Akzent gehören und welche nicht. Erschwerend für die Akzent-Perzeption und Identifikation kommt in vorliegender Studie die hohe L2-Kompetenz der nicht-deutschen Sprecherinnen hinzu. Diese bewirkt, dass eventuell keines der den Informanten bekannten Merkmale der akzentgebenden Sprache in der Deutsch-Produktion der Sprecherinnen vorhanden ist. Auf diese Weise können gröbere Orientierungssysteme der Informanten herausgearbeitet werden. Punkt (2) und (3), in denen die Herausarbeitung einerseits perzipierter, andererseits frei assoziierter Dialektmerkmale erreicht werden soll, sind auf Akzentperzeption übertragbar. Sprachbilder linguistischer Laien können aufgespürt werden und interdisziplinär genutzt werden. Den Schritt jener anderweitigen geisteswissenschaftlichen Nutzung geht die vorliegende Studie allerdings nicht. Ferner können Ansätze über generelle Sprachperzepti-

---

[19] Ausnahme ist hier eine exemplarische *pitch*-Analyse zur Bestimmung der mittleren Sprechstimmlage und dem Register der Sprecherinnen (vgl. Abschnitte 3.2, 4.8 und 5.2.4).

[20] Gemäß Bußmann (2008: 464) bezeichnet der Terminus „Nationalsprache" im engeren Sinne: „Hoch- bzw. Schriftsprache (also ohne Dialekt, Soziolekt) einer historisch-politisch definierten Sprachgemeinschaft." Gemäß dieser Definition bleiben in dieser Arbeit also alle eventuellen Dialektvarietäten der Sprecherinnen unbeachtet.

on, d.h. wie ein Hörer Wahrgenommenes kategorisiert, elizitiert und in späteren Arbeiten geprüft werden. Mit diesem Aspekt berührt die Untersuchungskonzeption überdies das Gebiet der menschlichen Kognition und könnte hier aufschlussreich sein. Punkt (4) bezüglich der Ermittlung außersprachlicher Einstellungen zu den Dialekten und Dialektsprechern ist auch bei Akzentperzeption bezogen auf die akzentgebenden Sprachen und ihrer Sprecher sinnvoll. Einstellungen zu den Sprechergemeinschaften bzw. den Sprachen werden in dieser Arbeit jedoch nicht explizit elizitiert, da sie nur selten genannt wurden.

Zusammenfassend kann die konzeptuell-perzeptive Ausrichtung der PD auf Laienbefragungen und Wissensgenerierung zu Kategorisierungssystematiken sinnvoll für die Erforschung der Akzentperzeption genutzt werden. Soweit nicht anders angemerkt, übernimmt die vorliegende Studie das hier abgeleitete Forschungskonzept der PD. Zur Erreichung des Forschungsziels wird freie Akzentidentifikation und offene Befragung zu den Begründungen der Akzent-Wahl die methodische Grundlage der vorliegenden Studie sein.

2.5 Beispielstudie mit französischen Muttersprachlern

Es soll nun eine Studie vorgestellt werden, welche als eine der wenigen bisher mehr als zwei Akzente durch linguistische Laien identifizieren ließ. Der Fokus lag vorrangig auf der Akzentidentifikation und der physikalischen Untersuchung vokalischer und rhythmischer Realisierungen der Sprecher. Diese Studie dient im weiteren Verlauf in mehrerer Hinsicht als Vergleichsstudie.

Bianca Vieru-Dimulescu und Philippe Boula de Mareüil (2006) testeten in ihrer Studie „*Perceptual identification and phonetic analysis of 6 foreign accents in French*" in welchem Maße 25 ungeübte französische Muttersprachler[21] fremdsprachliche Akzente im Französischen identifizieren konnten. Die sechs getesteten Akzente waren der arabische, deutsche, englische, italienische, portugiesische und der kastilische Akzent. Die Akzent-Sprecher waren durchschnittlich 24 Jahre alt und hatten zum Erhebungszeitpunkt seit ca. 15 Monaten in der Pariser Region gelebt. Französisch lernten sie ab ihrem 17. Lebensjahr[22] (vgl. Vieru-Dimulescu/Boula de Mareüil 2006: 441). Der Untersuchungsablauf bestand aus einer *familiarization phase* und einer

[21] Im Folgenden als „Informanten" bezeichnet. Das Geschlecht der Hörerschaft bleibt unklar.

[22] Es wird nicht deutlich, ob die Gewährspersonen Französisch gesteuert oder ungesteuert erworben hatten.

zweiten Phase, in der die Informanten 36 Stimuli in ungeordneter Reihenfolge hörten. Die Aufnahmen bestanden aus einem vorgelesenen 400-Wörter-Text. Die Informanten mussten den Grad des Akzents angeben und eine Wahl zwischen den sechs möglichen Herkunftsländern treffen. Bei allen Stimuli konnten sie Bemerkungen machen, den Akzent imitieren oder ihn karikieren. Am besten erkannten sie die maghrebinischen Sprecher, am schlechtesten den portugiesischen Akzent. Die meisten Verwechslungen fanden einerseits zwischen dem italienischen und dem spanischen und andererseits dem englischen und dem deutschen Akzent statt. Die Informanten gaben an, ihre Wahl auf Basis segmentaler und suprasegmentaler Merkmale (vgl. Abschnitt 3.2) getroffen zu haben. Ein genannter segmentaler Faktor, der auch in der vorliegenden Studie relevant ist, war der alveolare Tap /ɾ/ bzw. Vibrant /r/ für ein südliches Herkunftsland (vgl. Vieru-Dimulescu/Boula de Mareüil 2006: 442). Außerdem stellte sich heraus, dass die segmentale Vokalqualität (vgl. Abschnitt 3.1) gewichtiger für die Akzent-Identifizierung war als der Sprechrhythmus, ein prosodisches Merkmal (siehe Abschnitt 3.2) (vgl. Vieru-Dimulescu/Boula de Mareüil 2006: 444). Dieses Ergebnis widerspricht der Mehrzahl der in Abschnitt 2.2 dargelegten Studien.

3 Theoretische Begriffserläuterungen

Es werden nun einige für diese Forschungsarbeit fundamentale Begrifflichkeiten und Unterscheidungen erläutert. Zunächst wird eine knappe Einführung in die *Phonetik* und *Phonologie* und ihre wichtigsten Termini gegeben. Darauf folgend werden relevante phonetische und phonologische Elemente der hier betrachteten Einzelsprachen knapp dargestellt. Danach wird das Phänomen des Akzents behandelt und die damit verbundenen Thematiken der *Perzeption* und der *Repräsentation.*

3.1 Phonetik und Phonologie

Die *Phonetik* ist eine wissenschaftliche Disziplin, die sprachliche Produktion und Perzeption auf ihre anatomischen und physikalischen Aspekte hin untersucht. Sie beschreibt also die materielle Seite der Laute (vgl. Féry 2004: 1). Phonetik ist daher „die Wissenschaft, welche die Frage danach stellt, wie die sprachliche oder linguistisch-kommunikative Funktion in der Sprache durch die Lautsubstanz erfüllt wird" (Pétursson/Neppert 2002: 15). In der Teildisziplin *artikulatorische Phonetik*, welche die Vorgänge der Sprachproduktion beschreibt, werden sprachliche Laute klassifiziert (vgl. Pompino-Marschall 2003: 17). Die für die vorliegende Studie relevantesten Kategorisierungskriterien sind folgende:

Konsonanten werden zunächst nach ihrem *Artikulationsmodus*, d.h. der „Art und Weise, wie der Luftstrom im Ansatzrohr oder in der Glottis [Stimmritze, A.R.] gehemmt bzw. modifiziert wird" (Pétursson/Neppert 2002: 88) klassifiziert.[23] Ein für meine Forschung dezisiver Plosiv ist der Glottalverschluss [ʔ]. Er wird durch einen kurzfristigen Verschluss des Kehlkopfes verursacht (vgl. Féry 2004: 37). Ferner wird bei Konsonanten die *Artikulationsstelle* betrachtet, also der „Ort im Ansatzrohr, an dem zwischen zwei Organen der Abstand am geringsten ist" (vgl. Pétursson/Neppert 2002: 94).[24] Der dritte Aspekt der Konsonantenklassifizierung ist die *Stimmbeteiligung*, welche, für die Zwecke dieser Studie ausreichend, in *stimmhaft* (*Lenis*) und *stimmlos* (*Fortis*) unterteilt wird (vgl. Pétursson/Neppert 2002: 96). Auch die *Aspiration*, also der Prozess der stimmlosen Behauchung vor oder nach Frikativen oder Plosiven, ist für diese Forschungsarbeit von Wichtigkeit (vgl. Bußmann 2008: 64). *Voka-*

[23] Die senkrechte Spalte in der Konsonantentabelle des IPA (vgl. Anhang A) zeigt die verschiedenen Artikulationsmodi (z.B. Plosive, Nasale, usw.).

[24] In der IPA-Tabelle (vgl. Anhang A) wird sie durch die waagerechte Reihe beschrieben (z.B. bilabial, labiodental, uvular usw.).

le werden zunächst durch den *Öffnungsgrad* klassifiziert. Er beschreibt die „Entfernung zwischen Zungenrücken und nächstliegendem Punkt der Gaumenwölbung" (Pétursson/Neppert 2002: 98). Die vier möglichen Öffnungsgrade sind 1) *geschlossen*, 2) *halbgeschlossen*, 3) *halboffen* und 4) *offen* (vgl. diess. 2002: 99).[25] Die *Artikulationsstelle* und die *Lippen-Rundung* sind weitere Klassifikationsmerkmale, die für dieses Werk aber nicht weiter von Bedeutung sein werden.

Mit der Phonetik stets eng verbunden ist die *Phonologie*. In der Phonologie werden Sprachlaute aus der Perspektive ihrer Funktion in einem einzelsprachlichen System betrachtet. Aus diesem Grund gehört sie wie *Syntax*, *Morphologie* und *Semantik* zur natürlichen Grammatik einer Sprache. Die Phonologie ist von der Phonetik nur selten zu trennen, da die Phonetik die physikalischen Gegebenheiten untersucht, auf der die phonologisch begründeten Klassifikationen und Funktionen von Lauten basieren (vgl. Féry 2004: 1).

3.2 Segmentale und suprasegmentale Elemente

Als *Segmentalia* bezeichnet man traditionell die Vokale und Konsonanten einer Äußerung. Sie werden als eigenständige Einheiten isoliert betrachtet (vgl. Clark/Yallop 1990: 276). In Anlehnung an Bußmann (2008: 612) sind segmentale Merkmale „solche phonologischen Merkmale, die segmentierbar, d.h. aus der linearen Abfolge der Laute im Sprechkontext einzeln herausschneidbar sind".[26] Mit dem Begriff *Suprasegmentalia* werden „diejenigen Elemente der Sprache bezeichnet, deren Geltungsbereich größer als das Einzelsegment ist [...] Zusammen bilden die Suprasegmentalia einer Sprache den Bereich der *Prosodie*" (Pétursson/Neppert 2002: 150). Suprasegmentalia können nur unter Berücksichtigung des vorangehenden und nachstehenden lautlichen Kontextes segmentiert werden. Zu den Suprasegmentalia bzw. prosodischen Elementen gehören folgende, hier relevante Bereiche: *Intonation*, *Akzent/Betonung* und *Quantität* (vgl. diess. 2002: 151). Außerdem gehören *Sprechrhythmus* (Takt und Pausen) und *Sprechtempo* in die Kategorie der Suprasegmentalia (vgl. Pompino-Marschall 2003: 248). Auch sind *Sprechstimmlage* und *Register* Teile der Prosodie (vgl. Nebert 2007: 1). Im Folgenden werden die für diese Studie relevanten Elemente der Suprasegmentalia kurz erläutert.

---

[25] Im IPA (vgl. Anhang A) im Vokaltrapez vertikal dargestellt.

[26] Segmentierbarkeit ist nach Bußmann (2008: 612) jedoch im Grunde genommen ein rein theoretisches, aber notwendiges Konstrukt, da alle Sprache ein Lautkontinuum ohne natürliche Einschnitte darstellt. Somit können Einzellaute praktisch nicht segmentiert werden.

Die Intonation beschreibt die Melodiebewegung des Sprechers auf Äußerungsebene[27]. Wichtigstes physikalisches Korrelat der Intonation bzw. Tonhöhe (*pitch*) ist die Grundfrequenz (F_0) eines akustischen Sprachsignals (vgl. Pétursson/Neppert 2002: 153). Sie wird in Hertz (Hz) gemessen.

Unter Akzent wird die Hervorhebung einer bestimmten Silbe auf Wortebene verstanden. Dies nennt man *Wortakzent* (*lexikalische Ebene*). Ferner gibt es den *Satzakzent*, der die Hervorhebung einer betonten Silbe auf Satzebene (*postlexikalische Ebene*) bezeichnet (vgl. Pompino-Marschall 2003: 245). Physikalisches Korrelat des Akzents ist u.a. die Grundfrequenz F_0 (vgl. Pétursson/Neppert 2002: 156f.).

Die Quantität beschreibt Dauerunterschiede, die zu einer Bedeutungsunterscheidung führen (z.B. „Matte" [matə][28] und „Mate" [maːtə]). Daher ist sie von der *Dauer* als rein physikalisch messbare Einheit zu unterscheiden. Es gibt Vokal- und Konsonantenquantität (vgl. Pétursson/Neppert 2002: 162).

Die Sprechstimmlage ist laut Nebert (2007: 2) der Tonbereich, in dem sich die Grundfrequenz F_0 der menschlichen Stimme bewegt. Da in dieser Studie keine Töne gemessen werden können, wird die Sprechstimmlage als der Mittelwert (*mean-pitch*) der Grundfrequenz F_0 einer Äußerung definiert. Das Register bezeichnet in der vorliegenden Untersuchung die Differenz zwischen der höchsten und der niedrigsten Grundfrequenz F_0 einer Lautsequenz (vgl. Echternach 2011: 87).

3.3 Phonologische Merkmale der betrachteten Sprachen

Im Folgenden werden die für diese Studie relevanten phonologischen Charakteristika der zu betrachtenden Sprachen vorgestellt.[29] Hierbei dient stets die idealisierte Standardaussprache als Referenz. Abbildungen in Anhang B verdeutlichen die systematischen vokalischen und konsonantischen Sprachinventare. Auf fachlich detailliertere Termini oder Erklärungen wird verzichtet, da die Grundzüge der Phänomene für ein Verständnis der vorliegenden Studie ausreichen. Wird die Artikulation einzelner Vokale oder Konsonanten betrachtet, ist die Bezugnahme auf die Schriftsprache[30] sinn-

[27] Als *Äußerung* wird hierbei eine kohärente und abgeschlossene Ausdruckseinheit verstanden. Daher kann es sich auch um unabgeschlossene Sätze oder auch nur ein Wort handeln (vgl. Pétursson/Neppert 2002: 152).

[28] Betonungszeichen werden in dieser Arbeit auf Grund mangelnder Relevanz nicht gesetzt.

[29] Auf eine Darstellung in Tabellenform wurde bewusst verzichtet, da zu viele Anmerkungen und Quellen gemacht und angegeben werden mussten.

[30] Als „..." gekennzeichnet.

voll, da für die Aufnahmen der Vorlesestil benutzt wurde. Vermutlich sind also die meisten muttersprachlichen Akzentinterferenzen auf Schriftbildbasis entstanden.

3.3.1 Deutsch

3.3.1.1 Segmentalia

Vokale (Anhang B-1)

- Das geschriebene „e" wird im Deutschen auf drei Weisen realisiert: als Schwa-Laut [ə], als [e] oder [ɛ].
- Der Buchstabe „o" wird entweder halboffen, wie [ɔ], oder halbgeschlossen, wie [o], ausgesprochen.
- Auch die Realisierungen des geschriebenen „ö" sind hier relevant: [ø, œ].
- Diphthonge: Es gibt drei echte Diphthonge [ae, ao, ɔy] (vgl. Canepàri 2005: 186f.).

Konsonanten (Anhang B-1)

- Das geschriebene „ch" wird durch die Frikative [x] und [ç] realisiert (vgl. Hall 2000: 32). Der wichtigste frikative Hauchlaut ist das [h].
- Das geschriebene „r" wird als uvularer Vibrant [R] oder Frikativ [ʁ] realisiert.
- Aspiration: Die Plosive /p, t, k/ werden in prävokalischer Stellung aspiriert, also [pʰ tʰ kʰ] (vgl. Hall 2000: 19f.). Dieses Merkmal unterscheidet das Deutsche von den anderen für diese Studie relevanten Sprachen.
- Glottalverschluss: Das Deutsche weist als einzige der hier betrachteten Sprachen einen systematischen Glottalverschluss [ʔ] auf (vgl. Canepàri 2005: 188). Er wird meist vor einem vokalischen Wort- oder Morphemanlaut realisiert (vgl. Pompino-Marschall 2003: 190).
- Auslautverhärtung: Das Deutsche weist eine Auslautverhärtung auf, die bei absoluten Wortgrenzen und auch innerhalb von Komposita, auftritt. Dies bedeutet, dass die Phoneme /b, d, g, v, z, ʒ/ am Ende eines Wortes als [p, t, k, f, s, ʃ] realisiert werden (vgl. Hall 2000: 53). Nur Polnisch, unter den hier betrachteten Sprachen, weist selbiges Phänomen auf. Dies jedoch ausschließlich bei absoluten Wortgrenzen (vgl. Abschnitt 3.3.3.1).

3.3.1.2 Suprasegmentalia

- Quantität: Das Deutsche weist, im Gegensatz zu allen anderen hier untersuchten Sprachen, distinktive Vokalquantität auf (vgl. Pétursson/Neppert 2002: 163).
- Akzent/Betonung: Deutsch hat einen beweglichen, also nicht auf eine bestimmte Silbe im Wort festgelegten, Wortakzent (vgl. Pétursson/Neppert 2002: 155f.). Bezüglich des Satzakzents markiert das Deutsche, so wie auch Spanisch und Italienisch, den syntaktischen Kopf (*head*) einer *Intonationseinheit* (IE) (vgl. Jun 2005: 444). Dies kann durch folgendes Beispiel verdeutlicht werden: „Die **Übersetzerin** (NP)[31] | schaute das informative **Wörterbuch** an (VP)[32][33]". Einzig das Französische unter den hier betrachteten Sprachen betont die *edge*, also die Grenze einer IE (vgl. Abschnitt 3.3.2.2).

3.3.2 Französisch

3.3.2.1 Segmentalia

Vokale (Anhang B-2)

- Das geschriebene „e" wird im Französischen wie ein halbgeschlossenes [ø] realisiert. Das Französische weist ein halboffenes [ɛ] auf, dies wird jedoch eindeutig in der Schrift gekennzeichnet (z.B. „ancêtre"). Französisch ist die einzige nichtdeutsche Sprache hier, welche [ø, œ]-Laute aufweist.
- Das geschriebene „o" wird halboffen [ɔ] oder halbgeschlossen [o] realisiert.

Konsonanten (Anhang B-2)

- Die im Deutschen systematischen Realisierungen /x/ und /ç/ existieren nicht. Das geschriebene „ch" wird stets als [ʃ] realisiert. Französisch weist keinen /h/-Frikativ auf. Dieses Phänomen wird „stummes h" genannt.
- Das geschriebene „r" wird als uvularer Frikativ [ʁ] oder Vibrant [R] realisiert.
- Aspiration: Es wird nicht systematisch aspiriert (vgl. Greisbach 2007: o.S.).
- Glottalverschluss: [ʔ] ist nicht im Konsonantensystem enthalten.
- Auslautverhärtung: Im Französischen existiert keine Auslautverhärtung (vgl. Hinrichs 2010: 591). Ein Beispiel dafür ist die Aussprache von „aube" [ob]. In An-

---

[31] Nominalphrase.

[32] Verbalphrase.

[33] Wortakzente sind unterstrichen, die Markierung auf postlexikalischer Ebene ist fett gedruckt.

lehnung an Hess (2005: o.S.) ist im Französischen sogar eher eine Tendenz zur Lenisierung bei Auslauten zu erkennen. Überdies legt Canepàri (2005: 162f.) dar, dass nach Konsonanten am Wortende bei langsamer und behutsamer Aussprache häufig ein [-ø] angehängt wird (*Epithese*)[34].

3.3.2.2 Suprasegmentalia

- Quantität: Das Französische weist keine systematische Quantität auf (vgl. Pétursson/Neppert 2002: 162).
- Akzent/Betonung: Französisch hat einen festgelegten *Ultimaakzent* (vgl. Canepàri 2005: 156). Dies bedeutet, dass jeweils die letzte Silbe auf Wortebene akzentuiert wird. Auf postlexikalischer Ebene ist stets die Grenze (*edge*) der IE markiert (vgl. Jun 2005: 444). Dies zeigt z.B. der Satz „La **traductrice** (NP)| regardait le dictionnaire **informatif** (VP).“ Da der französische Wortakzent auch fortwährend auf der letzten Silbe liegt, findet hier eine doppelte Betonung statt. Bei kanonischen Äußerungen, also Äußerungen, die ohne spezifischen Kontext realisiert werden, ist dies die Regel. Bei kontextspezifischen Äußerungen, z.B. als Antwort auf die Frage „Qui est-ce qui regardait le dictionnaire informatif?“, wird zwar ein etwas stärkerer Akzent auf „traductrice“ gelegt, jedoch wird auch die zweite *edge*-Markierung noch beibehalten, wenn auch etwas schwächer. Die anderen hier untersuchten Sprachen realisieren nichts dergleichen.

Dies ist eine Besonderheit des Französischen mit vielen Folgen. Die mehreren leichten Akzente am jeweiligen Ende der IE und der starke Akzent am Ende einer Äußerung können für einen Phonologie-Laien einen perzeptiv nach vorne strebenden, fließenden Charakter haben. Es ist sehr wahrscheinlich, dass sich aus diesem perzeptiven Eindruck die dem Französisch als charakteristisch zugeschriebenen phonologischen Begriffe des *enchaînement* bzw. *chaîne parlée*[35], der *liaison*[36] und der *élision*[37] erge-

---

[34] Die Epithese bezeichnet das Hinzufügen eines Lautes am Wortende (vgl. Bußmann 2008: 168).

[35] Das *enchaînement* beschreibt zunächst die Aneinanderreihung aufeinanderfolgender Wörter in der *chaîne parlée*. Nach der traditionelleren Auffassung dieses Begriffs findet eine Resyllabifikation zwischen dem finalen Konsonanten eines Wortes und dem anfänglichen Vokal eines anderen Wortes statt („une grande amie“ [yn.grɑ̃.da.mi]) (vgl. Fougeron/Delais-Roussarie 2004: 1).

[36] Die *liaison* ist ein spezifischer Fall des *enchaînement*. Sie bezeichnet die Realisierung eines eigentlich latenten Konsonanten zwischen zwei normalerweise isoliert ausgesprochenen vokalischen Phonemen (z.B. „deux heures“ [døzœːʁ]) (vgl. Fougeron/Delais-Roussarie 2004: 1).

ben. Nun schreibt ja schon Bußmann (2008: 612), dass die Segmente jeder natürlichen Sprache auf phonetisch-phonologischer Ebene koartikuliert werden (vgl. Abschnitt 3.2), sich also gegenseitig abändern durch ihre lautliche Umgebung. Dies bedeutet, dass es praktisch keine natürliche Sprache gibt, bei der in der gesprochenen Sprache von einer tatsächlichen Segmentierung einzelner „Wörter" oder Konstituenten gesprochen werden kann. Das Phänomen der *liaison* bzw. *chaîne parlée* ist daher im Grunde genommen in allen Sprachen zu finden. Vermutlich sind also alle vier dieser Begriffe auf das Faktum und den Höreindruck der außergewöhnlichen *edge*-Betonung des Französischen zurückzuführen.

- Intonation: Der französische Ultimaakzent bewirkt, dass eine Akzentphrase meist aus einer LHLH (*low-high-low-high*) besteht, also eine steigende Bewegung aufweist (vgl. Jun/Fougeron 2000: 210).

3.3.3 Polnisch

3.3.3.1 Segmentalia

Vokale (Anhang B-3)

- Bei geschriebenem „e" wird in den meisten Fällen ein halboffenes [ɛ] realisiert, das [e] ist seltener und wird kurz ausgesprochen (vgl. Wadowski 2001: 601).
- Es wird nur ein halboffenes [ɔ] realisiert, die Variante [o] ist nicht systematisch.

Konsonanten (Anhang B-3)

- Es gibt keinen /h/-Frikativ, hier wird z.B. bei „hotel" der velare Frikativ [x] realisiert (vgl. Wadowski 2001: 601).
- Das geschriebene „r" wird als alveolarer Vibrant [r] realisiert.
- Aspiration: Es wird nicht aspiriert (vgl. Wadowski 2001: 601).
- Glottalverschluss: Es gibt keinen Glottalverschluss [ʔ] im Konsonantensystem.
- Auslautverhärtung: Polnisch weist als einzige nicht-deutsche Sprache dieser Studie eine Auslautverhärtung auf. Diese ist allerdings auf den absoluten Auslaut beschränkt (vgl. Braun 2003: 20).
- Palatalisierung: Eine Besonderheit des polnischen Konsonantismus ist das Vorhandensein palataler („weicher") Konsonanten und ihrer nicht-palatalen Entsprechungen. Palatalisierung beschreibt die Hebung der Zungenmitte zum Palatum (harter

[37] Die *élision* ist die Eliminierung eines vokalischen Auslauts an einer Wortgrenze, wenn das nächste Wort mit einem Vokal beginnt (z.B. „le odeur" wird zu „l'odeur") (vgl. Delumeau 2006: 75).

Gaumen), wodurch der Höreindruck eines angehängten, flüchtigen -[j] entsteht (vgl. Wójtowicz 1975: 74ff.). Dies führt zu einer leicht „erweichten" Wahrnehmung des Konsonanten.

3.3.3.2 Suprasegmentalia

- Quantität: Bei Vokalen und Konsonanten wird keine Unterscheidung durch Länge vorgenommen (vgl. Braun 2003: 11). Daher weist Polnisch keine Quantität auf.
- Akzent/Betonung: Der Wortakzent gilt als fest und fällt in der Regel auf die vorletzte Silbe (*Penultimaakzent*) (vgl. Pétursson/Neppert 2002: 156). Bezüglich der postlexikalischen Ebene, hier des Satzakzents, ist die Literatur für das Polnische noch sehr rar gesät. Bartnicka u.a. (2004: 81) jedoch äußern zumindest, dass der Satzakzent immer auf das Rhema fällt und dort den Ausdruck mit dem höchsten Gehalt neuer Information markiert. Der Satzakzent ist folglich stark kontextgebunden, weitere Ausdrücke werden nicht markiert. Hier besteht demnach ein großer Unterschied zur französischen *edge*-Betonung, die bei jedweden Äußerungen vorhanden bleibt und so mehr als eine Markierung im Satz verursacht.
- Intonation: Hierzu wurde keine einschlägige Literatur gefunden. Koppelt man die Intonation an die Betonung, wird sie wegen des polnischen Penultimaakzents zumindest vermutlich nicht denselben Verlauf zeigen wie im Französischen.

3.3.4 Spanisch

3.3.4.1 Segmentalia

Vokale (Anhang B-4)

- Es wird meist [e] realisiert. Stellungsbedingte Variationen sind z.B. [ɛ].
- Ein geschriebenes „o" wird ausschließlich als halbgeschlossenes [o] realisiert.

Konsonanten (Anhang B-4)

- Es wird kein [h]-Frikativ realisiert.
- Das „r" wird als alveolarer Vibrant [r] oder alveolarer Tap [ɾ] realisiert.
- Aspiration: Es gibt keine systematische Aspiration (vgl. Heinz 2007: 47).
- Glottalverschluss: Es existiert kein systematischer Glottalverschluss [ʔ].
- Auslautverhärtung: Eine Auslautverhärtung fehlt, dafür zeigt sich wie im Französischen eine Tendenz zur Lenisierung (vgl. Hess 2005: o.S).

3.3.4.2 Suprasegmentalia

- Quantität: Es gibt keine Quantität (vgl. Pétursson/Neppert 2002: 162).

3.3.5 Italienisch

3.3.5.1 Segmentalia

Vokale (Anhang B-5)

- Realisierungen des „e“ sind [e] und [ɛ].
- Das geschriebene „o“ wird im Italienischen als halboffener [ɔ] oder halbgeschlossener Laut [o] realisiert.
- Diphthonge: Diphthonge sind biphonetisch, werden also wie zwei aneinandergereihte Monophthonge ausgesprochen (*Hiatus*) (vgl. Canepàri 2005: 233).

Konsonanten (Anhang B-5)

- Es gibt keine [x]- oder [ç]-Realisierungen des „ch“ und keinen [h]-Frikativ.
- Das geschriebene „r“ wird stets als alveolarer Vibrant [r] realisiert.
- Aspiration: Es existiert keine Aspiration im Italienischen.
- Glottalverschluss: Italienisch weist keinen systematischen Glottalverschluss auf.
- Auslautverhärtung: Es gibt keine Auslautverhärtung (vgl. Hinrichs 2010: 591).

3.3.5.2 Suprasegmentalia

- Quantität: Es existiert keine Vokal-, jedoch eine Konsonantenquantität (vgl. Pétursson/Neppert 2002: 163).

Alle eben dargelegten phonetischen und phonologischen Grundbegriffe und Charakteristika der Einzelsprachen dienen zur linguistischen Betrachtung bei Beantwortung der Forschungsfragen. Da die vorangehenden Ausführungen auf die Standardaussprache bezogen sind, muss beachtet werden, dass die tatsächliche Realisierung der im Rahmen meiner Studie betrachteten Sprecherinnen davon abweichen kann.

3.4 Der Akzent und seine Entstehung

Da sich die Studie mit der Perzeption fremdsprachlicher Akzente beschäftigt, wird der hier zugrunde liegende Terminus *Akzent* knapp definiert. Anschließend werden exemplarisch zwei Theorien zur Entstehung eines Akzents dargestellt.

In Anlehnung an David Crystal (1991: 2) ist ein Akzent „the cumulative auditory effect of those features of pronunciation which identify where a person is from, regionally or socially“. Um eine Abgrenzung zum Begriff *Dialekt* (vgl. Abschnitt 1) vorzunehmen, bezieht sich der Akzent ausschließlich auf phonetische Merkmale und berührt nicht etwa auch den Bereich der Syntax, Morphologie oder Lexik. Des Weiteren fasse ich unter den Begriff Akzent im Gegensatz zum Dialekt ausschließlich Abweichungen von der Standardaussprache, die durch einen andersartigen Nationalsprach- bzw. Muttersprachhintergrund des Sprechers verursacht werden.

Die Existenz eines Akzents bei L2-Sprechern kann durch die auf Lenneberg (1967) zurückgehende *Critical Period Hypothesis* erklärt werden. Die *Critical Period* ist laut Lenneberg die Zeitspanne im Leben, in der das Gehirn fähig ist, seine Strukturen, z.B. das muttersprachlich angelegte Lautsystem, den Erfordernissen der jeweils zu erlernenden Sprache anzupassen. Dasselbe gelte auch für den auf die Muttersprache eingestellten motorischen Sprechapparat des L2-Lerners. Wird eine Zweitsprache also nach dieser Zeitspanne erlernt, so komme insbesondere der lautliche L2-Erwerb meist nicht mehr der Realisierung eines L1-Sprechers gleich. Wo diese obere Altersgrenze allerdings liegt, ist bis heute umstritten.[38]

Wie nun der Akzent in der L2 konkret entsteht, beschreiben beispielsweise Liberman u.a. (1963) mit der sogenannten *Motor-Theorie*. Diese besagt, dass der Rezipient das empfangene Signal auf Basis seiner eigenen artikulatorischen Fähigkeiten bewerte. Er frage sich also automatisch unbewusst, wie er selbst das perzipierte Signal erzeugt hätte (vgl. Pétursson/Neppert 2002: 193f.). Dies bedeute, dass die empfangenen Signale mithilfe muttersprachlicher Kategorien des Hörers strukturiert und repräsentiert werden. Resultat sei eine fehlerhafte kognitive Repräsentation (vgl. Abschnitt 3.5). Daraus folge, dass der Sprecher produziere, was er auf muttersprachliche Weise kognitiv abgespeichert hatte. Ein zweiter Ansatz wurde 1995 von Paul Iverson und Patricia K. Kuhl aufgestellt: die *Native Language Magnet Theory*. Sie besagt metaphorisch, dass in der Kognition eines Sprachbenutzers prototypische Sprachlaute in Form von Magneten repräsentiert seien. Beim Eintreffen eines konkreten phonetischen Signals, werde dieses jeweils in die Nähe eines ihm ähnlichen magnetischen Prototyps gezogen (vgl. Jilka 2000: V). Das Signal werde also in dem entsprechenden prototypischen Feld abgespeichert bzw. repräsentiert. Die Folge sei auch nach dieser Theorie eine fehlerhafte Reproduktion des Lautes.

---

[38] Einen Überblick verschiedener Auffassungen gibt z.B. Molnár (2010).

Resümierend gehen diese beiden Theorien auf dieselbe Erkenntnis zurück: die fehlerhafte Repräsentation eines Lautes in der Kognition. Durch Abrufen dieser Repräsentation für seine Produktion wird der Laut in der Folge falsch artikuliert - ein Akzent entsteht.

3.5 Perzeption und Repräsentation

Nun soll der Begriff *Perzeption* knapp definiert werden. Dies ist sinnvoll, um auf eine Begriffstrennung zwischen Perzeption und *Repräsentation* aufmerksam zu machen. Diese ist sowohl für die oben erläuterte Entstehung eines Akzentes als auch für die laienlinguistische Perzeption und deren verbale Formulierung von Bedeutung.
Perzeption, zu Deutsch „Wahrnehmung", meint in diesem Werk die rein physikalische Wahrnehmung und Verarbeitung von messbaren Lauten. Sie gehört laut Krefeld/Pustka (2010: 14) in den Bereich der *parole*[39], also der augenblicklich realisierten Sprachproduktion. Davon abzugrenzen sei die Repräsentation. Diese gehöre ins Feld des *Sprachbewusstseins*[40]. Repräsentationen seien auf der *langue*[41]-Ebene einzuordnen und machen sie so unabhängig von tatsächlichen Äußerungen. Das Verhältnis zwischen Repräsentation und Perzeption sei ein reziprokes, d.h. einerseits fußen Repräsentationen auf der Perzeption eines physikalisch messbaren Lautes. Andererseits werde alle Perzeption eines Lautes durch die Repräsentation dieses Lautes in der Kognition gelenkt und beeinflusst (vgl. Krefeld/Pustka 2010: 14). Zusammenfassend kann man sich die Perzeption als physikalischen Vorgang der Wahrnehmung und die Repräsentation als „Abbild" dieses perzipierten Lautes in der Kognition vorstellen. Der Begriff der Repräsentation bezieht sich daher in dieser Forschungsarbeit auf etwas Interpretiertes und in der Kognition Abgelegtes. Dies kann beispielsweise Laute, Wahrnehmungen oder Vorstellungen betreffen.

4 Methodik

4.1 Sprecherinnen

Für die Aufnahmen wurden fünf weibliche Sprecherinnen mit italienischem (IT), französischem (F), polnischem (PL) und zwei Sprecherinnen mit spanischem Muttersprachhintergrund (ES1 und ES2) ausgewählt. Die Wahl der Sprecherinnen war relativ willkürlich in dem Sinne, dass nicht auf besondere „Repräsentativität" bezüglich

---

[39] *Parole* bezeichnet tatsächliche Äußerungen einer Sprache (vgl. Saussure [1916] 1967: 13).

[40] Zum Sprachbewusstsein siehe beispielsweise Gauger (1976).

[41] *Langue* bezeichnet das abstrakte Zeichensystem einer Sprache (vgl. Saussure [1916] 1967: 11ff.).

ihrer Muttersprache geachtet wurde. Das heiβt, dass ausschließlich auf die Nationalsprachen- und nicht auf eventuelle Dialektzugehörigkeit geachtet wurde. Die Muttersprachen wurden zunächst nur aus der romanischen Sprachfamilie ausgewählt. Dies war mit dem Ziel verbunden, möglichst ähnliche Akzente zu wählen, um eine Identifikation für den Hörer zu erschweren. Es sollte herausgearbeitet werden, wie sich solch ähnliche Akzente perzeptiv für linguistische Laien unterscheiden. Da jedoch zum Erhebungszeitpunkt keine Sprecherin aus der ursprünglich vierten akzentgebenden Sprache Portugiesisch gefunden wurde, wählte ich auf Grund des Standorts der Europa-Universität Viadrina (EUV) den polnischen als vierten Akzent. Dies brachte neben der romanischen eine zweite Sprachfamilie ein und warf die Frage auf, ob dies auch in den Ergebnissen erkennbar wäre. Der spanische Akzent wurde zweimal verwendet, um zu verhindern, dass die Informanten[42] bei vier Hörproben und vier nichtdeutschen Muttersprachen nach dem Ausschlussprinzip verfahren würden. Die Wahl fiel dabei auf eine zweite Spanischsprecherin, da ich annahm, dass der spanische Akzent deutschen Muttersprachlern nicht so geläufig wäre wie beispielsweise der französische. Dadurch wurden die Ergebnisse unvorhersehbarer gemacht. Die Tatsache allerdings, dass eine der beiden Sprecherinnen aus Spanien (ES1) und die andere aus Lateinamerika (ES2) stammt, könnte als ungünstig zu bewerten sein. Vieru-Dimulescu/Boula de Mareüil (2006) vermieden dies zur Sicherstellung der größeren Einheitlichkeit des iberisch-spanischen Akzents. In der vorliegenden Untersuchung wird dieser Unregelmäßigkeit jedoch nicht weiter nachgegangen. Grund dafür ist, dass es unwahrscheinlich scheint, dass ein linguistischer Laie bei derart hoher Deutsch-Kompetenz der Sprecherinnen noch die feinen Unterschiede der beiden Spanisch-Akzente wahrnehmen würde. Völlig auszuschließen ist eine unterschiedliche Perzeption jedoch selbstverständlich nicht. Dies könnte Thema eines weiteren Experiments sein.

Die Variable des Geschlechts ist bei den Sprecherinnen durch zufällige Wahl der ersten Sprecherin entschieden und daraufhin konstant gehalten worden. Dies schuf Einheitlichkeit und ich vermied, dass z.B. die Sprechstimmlage in ihrer Grundfrequenz F_0 zu sehr variieren würde.[43] Für die Perzeption von Merkmalen spielt es letztendlich

---

[42] Dieser Begriff bezeichnet die in der Hauptstudie befragten laienlinguistischen Hörer und nicht etwa die Sprecherinnen.

[43] Bei Frauen misst man die Sprechstimmlage mit Werten zwischen 100-500 Hz, bei Männern zwischen 75-300 Hz (vgl. Praat 2005). Dementsprechend unterschiedlich sind also auch ihre Sprechstimmlagen und ihre Register.

keine Rolle, ob man männliche oder weibliche Sprecher wählt, denn es geht um die reine Perzeption ihrer Äußerungen. In der Konstanthaltung des Geschlechts besteht ein Unterschied zur Studie von Vieru-Dimulescu/Boula de Mareüil (2006), welche exakt eine Hälfte an männlichen und eine Hälfte weibliche Sprecher aufgenommen hatten.

Die Variablen des Alters und die Länge des Deutschsprach-Erwerbs variieren unter den Sprecherinnen stark (vgl. Anhang C). Dies ist allerdings nicht gravierend, da es bei der vorliegenden Studie ausschließlich um perzeptiv distinktive Merkmale der einzelnen Sprecherinnen geht und nicht etwa um den Akzentgrad. Zudem sind die Deutsch-Kenntnisse und die Stärke des Akzents aller Sprecherinnen trotz unterschiedlicher Lerndauer und unterschiedlichen Alters auf einem sehr ähnlich hohen Niveau.[44] Es wurden absichtlich Sprecherinnen mit sehr guten Deutsch-Kenntnissen gewählt, um typischste und einem Sprachlerner dieser Sprachen bekannteste Merkmale und Ausspracheschwierigkeiten zu minimieren. Dies erschwert dem Hörer die Perzeption salienter Marker und deren Zuordnung erheblich. Er ist gezwungen auf eigene, wahrscheinlich noch andere Perzeptionskategorien zurückzugreifen. Genau diese eben untypischen Kategorisierungen sind die hier interessanten. Dieser Punkt ist ein wichtiger Unterschied zur Studie Vieru-Dimulescu/Boula de Mareüil (2006), deren Sprecher vermutlich wegen kürzeren Frankreich-Aufenthaltes eine niedrigere Zielsprachkompetenz und somit einen stärkeren Akzent aufwiesen. Konsequenz war vermutlich eine andere Systematik der linguistischen Laien bei der Akzentperzeption.[45]

4.2 Korpus und Aufnahmen

Für die Korpus-Erstellung wurde auf den Vorlesestil zurückgegriffen, um Interferenzen aus Lexik, Syntax und Morphologie der jeweiligen Muttersprache zu vermeiden. Diese wären bei freier Rede vermutlich häufig aufgetreten. Durch Wahl des Vorlesestils konnte der Fokus auf die rein perzeptiven Merkmale aus Phonetik und Phonolo-

[44] Belege zu Deutsch-Kenntnissen der Sprecherinnen, vgl. Anhang D. Für die Sprachkenntnisse von F gibt es keine offiziellen Belege, da sie nie eine Zertifikatsprüfung ablegte. Sie wohnt seit 30 Jahren in Deutschland und spricht in der Familie täglich ausschließlich Deutsch. Die Konsultation der aufgenommenen Texte (Hörproben) kann weitere Beweise bringen, obschon diese selbstverständlich subjektiv sind.

[45] Da Vieru-Dimulescu/Boula de Mareüil (2006) nur wenige ihrer Resultate öffentlich zugänglich machten, kann keine genauere Aussage über die Ergebnisse getroffen werden.

gie gelegt werden. Die Frage nach der höheren oder geringeren Stärke des fremdsprachlichen Akzents bei Vorlesestil oder freier Rede bleibt in der Wissenschaft bis heute unklar.[46] Sie soll hier aber nicht weiter ins Gewicht fallen, da der Vorlesestil konstant gehalten wurde. Eine Eingewöhnungsphase spontaner Rede wurde in der vorliegenden Studie nicht aufgenommen, im Gegensatz zur Studie von Vieru-Dimulescu/Boula de Mareüil (2006). Die Hörer wurden also ungeübt mit dem akzentreichen Deutsch konfrontiert. Ob dieser Aspekt kritisch zu betrachten ist oder nicht, ist Auslegungssache. Hier wurden trotz Auslassung der Eingewöhnungsphase klare Ergebnisse gewonnen, sodass die Studie nicht an Wert verliert.
Bei dem Test-Text handelt es sich um einen Ausschnitt aus „Der kleine Prinz", Kapitel 21:

> In diesem Augenblick erschien der Fuchs: „Guten Tag", sagte der Fuchs. „Guten Tag", [antwortete] höflich der kleine Prinz, der sich umdrehte, aber nichts sah. „Ich bin da", sagte die Stimme, „unter dem Apfelbaum ..." „Wer bist du?" sagte der kleine Prinz [, „du bist sehr hübsch..."]. „Ich bin ein Fuchs", sagte der Fuchs. „Komm und spiel mit mir", schlug ihm der kleine Prinz vor. „Ich bin so traurig..." „Ich kann nicht mit dir spielen", sagte der Fuchs. „Ich bin noch nicht gezähmt!" (Saint-Exupéry 2005: 90)[47][48]

Die Wahl fiel auf diesen Text, da es eine Kindergeschichte ist und der Text somit relativ leicht zu lesen ist, v.a. bezüglich Syntax und Lexik. Natürlich muss kritisch angemerkt werden, dass dies eventuell verzerrende Auswirkungen hatte. Eine Geschichte liest man anders als beispielsweise eine Gebrauchsanweisung. Gerade die Bereiche der Prosodie werden bei Geschichten oftmals ausgeprägter realisiert als bei neutraleren Textsorten. Ferner verstärkt der Fakt, dass es eine Geschichte für Kinder ist, diese Verzerrung eventuell zusätzlich. Zudem ist der Text mit einer Länge von 117 Wörtern (im Gegensatz zu 400 Wörtern bei Vieru-Dimulescu/Boula de Mareüil (2006))

---

[46] Major (2001) und Hove (2002) beispielsweise sprechen sich für einen geringeren Akzent beim Vorlesestil aus. Thompson (1991) und Strik/Cucchiarini/Binnenpoorte (2000) dagegen zeigen das Gegenteil. Ein ausführlicher Überblick zu diesem Thema findet sich bei Kolly (2011).

[47] Die in Klammern gesetzten Textstellen wurden aus dem finalen Aufnahme-Text heraus genommen. Dies geschah im ersten Fall („antwortete") unbeabsichtigt, im zweiten Fall („du bist sehr hübsch...") machte es den Text überflüssig länger.

[48] Die verschleierten Versionen der fünf Hörbeispiele können zum Selbstversuch heruntergeladen werden unter der URL http://www.ibidem-verlag.de/downloads/9783838204420.zip.

kurz. Dementsprechend entstanden kurze Aufnahmen von ca. 30 Sekunden, die den Informanten nicht viel Reflexionszeit ließen.

Die Aufnahmen wurden bei F und ES2 aus praktischen Gründen per *Skype* gemacht und mit dem Aufnahmeprogramm *Audacity*[49] aufgenommen. Die drei restlichen Aufnahmen wurden mit einem Aufnahmegerät erstellt. Dies bewirkte bedauerlicherweise unterschiedliche Qualitäten der Aufnahmen. Die *Skype*-Interviews sind nicht so klar hinsichtlich ihrer klanglichen Qualität und weisen eine etwas größere Lautstärke auf. Dies ist insbesondere der Fall bei ES2, da sie zudem vergleichsweise laut sprach. Dennoch waren die Aufnahmen verwendbar, weil die Unterschiede weniger qualitativ waren, als mehr die Lautstärke betrafen. Aussprachemerkmale konnte man ohne Probleme wahrnehmen.

Die Sprecherinnen schauten sich den Text kurz an und lasen ihn zwei Mal vor. Es wurde stets die erste Aufnahme genommen, da die zweite meist fehler- und akzentfreier war als die Erste. So ergaben sich fünf Hörproben für die Studie. Diese geringe Anzahl an Aufnahmen (Vieru-Dimulescu/Boula de Mareüil (2006) testeten 36 Stimuli) scheint im Nachhinein für Repräsentativität und Reliabilität der Studie problematisch, da idiolektale[50] Merkmale der Sprecherinnen dadurch mehr ins Gewicht fallen. Das Forschungsziel, die von den Laien mit den Akzenten assoziierten Marker herauszuarbeiten, wird davon allerdings nicht beeinträchtigt. Die Reihenfolge der fünf Aufnahmen für die Hauptstudie war folgende:

1. ES1 (Text 1); 2. PL (Text 2); 3. ES2 (Text 3); 4. F (Text 4); 5. IT (Text 5)[51]

Diese Wahl der Abfolge der Hörproben ist zum Teil zufällig, zum Teil absichtlich. F und IT sollten aufeinander folgen, da hier ein perzeptiver Kontrast erwartet wurde. ES1 und ES2 sollten nicht hintereinander abgespielt werden. An dieser Stelle ist kritisch an zu merken, dass die gewählte Reihenfolge wahrscheinlich immer einen Einfluss auf die kontrastive Perzeption der einzelnen Akzente hat. Gerade bei wenigen Hörproben bzw. wenigen Sprecherinnen ist dies wahrscheinlich. Eine randomisierte

---

49 Siehe für weitere Informationen die URL http://audacity.sourceforge.net/?lang=de (Stand: 04.03.2012).

50 Definition „Idiolekt“: „Für einen bestimmten Sprecher charakteristischer Sprachgebrauch. Diese spezifische persönliche Ausdrucksweise zeigt sich in Aussprache, Wortschatz und Syntax [...]“ (Bußmann 2008: 274f.).

51 Die beschrifteten Hörbeispiele können heruntergeladen werden unter der URL http://www.ibidem-verlag.de/downloads/9783838204420.zip.

Wiedergabe mehrerer Stimuli wäre sicher vorteilhaft gewesen. Welche Auswirkungen genau die hier gewählte Ordnung der Lesungen hatte, kann jedoch nicht näher bestimmt werden und wird daher nicht weiter betrachtet.

4.3 Fragebogen-Design

Die Studie wurde mithilfe eines Fragebogens durchgeführt, der sowohl quantitativ als auch qualitativ gestaltet war (vgl. Muster-Fragebogen, Anhang E). Es wurde neben dem Alter und dem Geschlecht eine Frage (1) zur Muttersprache[52] der Informanten formuliert, um sicherzustellen, dass es sich um, nach Angaben der Informanten, deutsche Muttersprachler handelte. Die Fragen 2, 4 und 5 fragten weitere in der Familie aktiv gesprochene Sprachen, Dialektkenntnisse und die musikalische Ausbildung ab. Dies diente dazu, eventuelle Korrelationen zwischen diesen Faktoren und der korrekten Identifikation der Akzente bzw. Nennung von Akzent-Merkmalen aufzudecken. Dieser Teil wurde auf Grund mangelnder Evidenz jedoch nicht ausgewertet. Frage 3 untersuchte die Sprachkenntnisse der Informanten und das jeweilige Sprachniveau, um Korrelationen zu den Ergebnissen erkennen zu können. Frage 6 gehörte zu den beiden wichtigsten Fragen: Der Informant wurde aufgefordert seine Vorstellung zu jedem der vier betrachteten Akzente im Deutschen darlegen. Hier verschwamm in Anbetracht der Nennungen der Informanten vermutlich die Nuance zwischen Merkmalen der jeweiligen Nationalsprache und Merkmalen des jeweiligen Akzents im Deutschen. Aufgabe 7 fragte die Akzentstärke, die vier zur Auswahl stehenden Herkunftssprachen und eine offene Antwortmöglichkeit zur Nennung der „Gründe für Muttersprachwahl" jeder Hörprobe ab.

Diesen Entwurf des Fragebogens kritisch betrachtend, ist anzumerken, dass eine weitere Möglichkeit zur Sprach-Wahl für diejenigen, die sich bei der Akzentzuweisung unsicher waren, von Vorteil gewesen wäre. Eine Möglichkeit wäre z.B. gewesen, Muttersprachen auszuschließen, beispielsweise mit der Frage „Was ich auf jeden Fall ausschließen kann, ist A, usw." Auch hätte man eine Rangfolge der Akzentvermutungen angeben lassen können, beispielsweise „Wenn es nicht A ist, hätte ich B geglaubt. Wenn es B nicht ist, hätte ich C getippt..." usw. Dies hätte die Akzentidentifikation wahrscheinlich transparenter gemacht. Doch auch die vorliegenden Ergebnisse lassen sich sinnvoll und eindeutig auswerten.

---

[52] Entspricht der L1 und damit der hier verwendeten Definition von Muttersprache (vgl. Abschnitt 1).

4.4 Pretest

Es wurde ein Pretest mit neun meiner Bekannten durchgeführt. Sie wurden frei ausgewählt, divers in musikalischer Ausbildung, Alter, Muttersprache, Dialektkenntnissen und eventueller Bilingualität. Da die Pretest-Informanten den Test jedoch selbstständig am Computer an einer digitalisierten Version des Fragenbogens durchführten, herrschten andere Untersuchungsbedingungen als im Haupttest. Die linguistischen Laien des Pretests konnten sich die Aufnahmen z.B. beliebig oft anhören. Spontane Änderungen der Muttersprachzuweisungen konnten auf Grund des digitalen Formats nicht nachvollzogen werden. Daher bleiben die Ergebnisse unberücksichtigt. Der Pretest zeigte trotz alledem klare Ergebnisse, weswegen die Studie letztendlich unverändert durchgeführt wurde.

4.5 Informanten

Die Informanten für die Studie waren 31[53] linguistische Laien zweier Einführungs-Tutorien zur Vorlesung „Einführung in die Linguistik" der EUV. Sie befanden sich ausschließlich im ersten und zweiten Semester[54] und werden daher als „linguistische Laien" bezeichnet. Auch die Tatsache, dass es an der EUV keine spezifischen Phonetik- oder Phonologie-Kurse gibt, spricht dafür. Unter den Informanten waren 28 Frauen und drei Männer, im Alter von 19-33 Jahren (vgl. Anhang G). Das Alter wurde also auch hier nicht konstant gehalten. Diese Tatsache steht dem Forschungsziel aber nicht im Wege, da es vermutlich nur sehr kleine Nuancen wären, die sich durch eine Konstanthaltung des Alters gezeigt hätten.[55] Das Durchschnittsalter lag bei 22 Jahren. Alle 31 Informanten nannten Deutsch als ihre Muttersprache (vgl. Anhang G). Daher werden sie als „Deutsch-Muttersprachler" aufgefasst und behandelt.

---

[53] Ursprünglich waren es 33 Informanten, wobei zwei eine andere Muttersprache als „Deutsch" angaben und aus der Wertung genommen wurden.

[54] Die Original-Liste der Informanten ist abhanden gekommen, wodurch diese Tatsache nicht mehr objektiv dargestellt werden kann.

[55] Ein Vergleich zu Vieru-Dimulescu/Boula de Mareüil (2006) ist hier nicht möglich, da keine Angaben zum Alter der Französisch-Muttersprachler gemacht wurden.

4.6 Durchführung

Die Erhebung wurde zwei Mal durchgeführt, da zwei Tutoriumsgruppen getestet wurden. Der Ablauf des Tests war jedoch nahezu gleich.[56] Die Informanten füllten die Fragen 1-6 aus. Für Frage 6 ergab sich eine ungefähre Bearbeitungszeit von fünf Minuten. Bei Frage 7 wurde jede Hörprobe mittels eines Rekorders, der vor dem Plenum platziert war, abgespielt. Danach konnte Frage 7 ausgefüllt werden. Daraufhin wurde dieselbe Hörprobe ein zweites Mal angehört und die Informanten hatten wiederum eine bis zwei Minuten Zeit, weitere Aspekte auf dem Fragebogen zu dieser Hörprobe zu nennen. Diese Prozedur wurde für alle fünf Hörproben wiederholt. Im Nachhinein ist hier anzumerken, dass die Informanten mehr Bearbeitungszeit benötigt hätten und dies auch eingefordert haben. Aus Zeitgründen wurde diesem Wunsch nicht nachgegeben. Obgleich mehr Reflexionszeit vermutlich noch mehr Begründungen für die Herkunftszuweisung eingebracht hätte, war die Zahl der Zuordnungen und Nennungen hier doch ausreichend und auswertbar.

4.7 Auswertung

Sowohl die quantitative als auch die qualitative Auswertung der Ergebnisse wurden per Hand und nicht mit einem Datenauswertungsprogramm, wie SPSS[57] beispielsweise, vorgenommen. Dies ist zum einen der relativ geringen Menge an auszuwertenden

---

[56] Unbeabsichtigterweise wurden unterschiedliche Informationen vor dem Test in die Gruppen gegeben. In der ersten Gruppe sagte ich zunächst nichts über die Verteilung der vier Nationalsprachen auf die fünf Aufnahmen. Vor dem Abspielen des fünften und letzten Textes merkte ich jedoch an, dass ein fünfter Text bedeute, dass sich eine der vier Nationalsprachen doppelt. In der zweiten Tutoriums-Gruppe sagte ich dasselbe <u>vor</u> dem gesamten Test. Dies tat ich, weil ich davon ausging, dass die Informanten ebenso denken würden. Folge war, dass 13 von 31 Informanten entweder nicht nur eine, sondern zwei Herkunftssprachen doppelt annahmen oder ein und dieselbe gar drei Mal zuwiesen.

Dies ist ein methodischer Fehler, welcher der Untersuchung jedoch nicht ihren Wert abspricht, da zum einen die Ergebnisse der Akzentidentifikation eindeutige Tendenzen aufwiesen. Zum anderen ergab die Betrachtung der 13 betroffenen Bögen (vgl. Anhang F), dass zwölf von 13 Bögen ein Übergewicht an doppelten Polnisch- und Französisch-Tipps aufwiesen. Wenn es drei gleiche Tipps unter den fünf Tipps gab, waren es meistens drei Polnisch-Tipps, und meistens nicht da, wo die Französin sprach, d.h. dass Spanierin und Italienerin zusätzlich mehr als Polinnen verkannt wurden. Dies bedeutet, dass die Raten der Französisch- und der Polnisch-Tipps noch wesentlich höher ausgefallen wären. Somit wäre das Ergebnis noch stärker entsprechend des in Abschnitt 5.1 aufgestellten Kontinuums ausgefallen. Daher ist dieser methodische Lapsus zwar als ungünstig zu bewerten, dennoch beeinträchtigt er das Ergebnis vermutlich nicht maßgeblich.

[57] Siehe für generelle Informationen zu dem Programm folgende URL: http://www-01.ibm.com/software/de/analytics/spss/ (Stand: 12.03.2012).

Fragebögen geschuldet. Zum anderen lassen sich die freien Merkmalsnennungen der Informanten im qualitativen Teil, also der Frage 6 und einem Teil der Frage 7, nur schwer in quantifizierbare Kategorien umwandeln. Daher wurde darauf verzichtet. Nachteil ist natürlich, dass keine Kreuzkorrelationen durchgeführt wurden. Dies tangiert das Ziel dieser Studie allerdings nicht und ist deswegen irrelevant.

Angesichts der Tatsache, dass die Begründungen zur Muttersprach-Wahl gänzlich dem einzelnen Informanten überlassen wurden, gab es zahlreiche Formulierungen der Merkmale. In der Auswertung wurden Nennungen wörtlich übernommen, wenn der Sinn etwas eigener formuliert war. In anderen Fällen, beispielsweise bei „e klingt wie ö" oder „der kleinÖ Prinz", d.h. wenn der Sinn der Äußerung unmissverständlich war, wurden sie paraphrasiert und einer Kategorie, wie z.B. „e als ö", zugeordnet. In manchen Fällen gaben die Informanten „Intuition" und eine zusätzliche Nennung an. Dies wurde wie zwei verschiedene Äußerungen behandelt. Überdies war ungewiss, ob die Informanten, falls sie sie benutzten, linguistische Begriffe korrekt anwandten. Für die Auswertung musste demzufolge häufig frei interpretiert werden. Vorgegebene Antwortkategorien wären hier hilfreich gewesen, doch hätten sie den laienlinguistischen Faktor, das Herz dieser Studie, auf ungünstige Weise stark eingeschränkt.

Gab es Nennungen, die gänzlich unklar waren, so wurden sie der Kategorie „Aussortiert" zugeordnet. Außerdem wurden hierin alle Nennungen bezüglich Vokal- und Konsonantenquantitäten aufgelistet. Dies ist auf die Tatsache zurückzuführen, dass, wie in Abschnitt 3.3.1.2 erwähnt, keine der untersuchten nicht-deutschen Sprachen Vokalquantität aufweist. Daher machten alle hier aufgenommenen Sprecherinnen bei diesem Merkmal Aussprachefehler. Dieser universelle Fehler-Charakter legitimierte, entsprechende Nennungen aus der Untersuchung zu nehmen. Ein weiterer kritischer Aspekt war die Tatsache, dass manche der Sprachwahl-Begründungen nicht explizit auf die konkrete Sprachwahl bezogen schienen, sondern stattdessen generell saliente Merkmale genannt wurden. Eine Unterscheidung dieser beiden Arten war unmöglich zu treffen. Für die Auswertung wurden folglich alle Begründungen auf die explizite Sprachwahl bezogen. Eine ausführliche Darstellung aller Nennungen siehe Anhang I-1 bis I-4.

4.8 Leitfaden-Interview

Um die interessante Aussage einer (ursprünglich zweier)[58] Informantin zu einer unterschiedlichen Sprechstimmlage von Franzosen und Polen qualitativ näher zu ergründen, wurde ein *Leitfaden-Interview*[59] (Leitfaden vgl. Anhang H-1) mit besagter Informantin (I) geführt. Diese Form des gering standardisierten und halboffenen Interviews wurde gewählt, da die I explizit zu ihrer Nennung über die Sprechstimmlage bei Frage 6 und 7 befragt wurde. Aufgrund dessen war die Form des Leitfadeninterviews angebracht. Anschließend wurde das Interview nach der *Halbinterpretativen Arbeitstranskription* (*HIAT*) mit Hilfe des *Partitur Editors* des *EXMARaLDA*[60] Systems transkribiert (vgl. Transkript, Anhang H-2). Da die Befragte während des Interviews die französische und die polnische Sprachstimmlage und deren Register beispielhaft imitierte, wurde hier zudem eine physikalische Analyse mit dem Schallanalyseprogramm *Praat*[61] durchgeführt. Dies erschien sinnvoll und sehr spannend, da sie sich erstens leicht durchführen ließ und zweitens die gesamte Studie sich ursprünglich nicht mit den tatsächlichen Realisierungen der Sprecherinnen beschäftigte. So wurde zumindest in diesem Fall die Perzeption mit der tatsächlichen Produktion verglichen. Nicht gänzlich unerwähnt sollten einige Interview-Fehler bleiben. Das Interview baute auf zwei schon gemachten Aussagen auf und brachte daher bereits Genanntes noch einmal verstärkt zum Vorschein. Zudem wurde dadurch das Interview an einigen Stellen suggestiv durchgeführt. Dennoch wurden entscheidende Aussagen sehr spontan und ohne Leitfrage der Interviewerin geäußert. Das Interview war folglich klar auswertbar.

---

[58] Eine der beiden Informantinnen wurde wegen nicht-deutscher Muttersprache aus der Wertung genommen.

[59] Vgl. beispielsweise Lamnek (2005).

[60] Nähere Informationen zu dem Programm in Schmidt u.a. (2011).

[61] Für genauere Informationen zu dem Programm *Praat*, siehe folgende URL: http://www.fon.hum.uva.nl/praat/ (Stand: 04.03.2012).

5 Ergebnisse

Im Folgenden werden nun die Ergebnisse der Studie entlang der Forschungsfragen dargelegt.

5.1 Forschungsfrage 1: Akzentzuweisungen (quantitativ)

Forschungsfrage 1 lautet: „Wie sind die quantitativen Akzentzuweisungen verteilt und was lässt sich daraus ableiten?“ Die untere Grafik zeigt die quantitative Verteilung der Mutterspracbzuweisungen der Informanten pro Hörprobe, gekennzeichnet mit „Text…“[62] in absoluten[63] Zahlen (vgl. Anhang G). In Klammern steht die tatsächliche Muttersprache der Sprecherinnen.

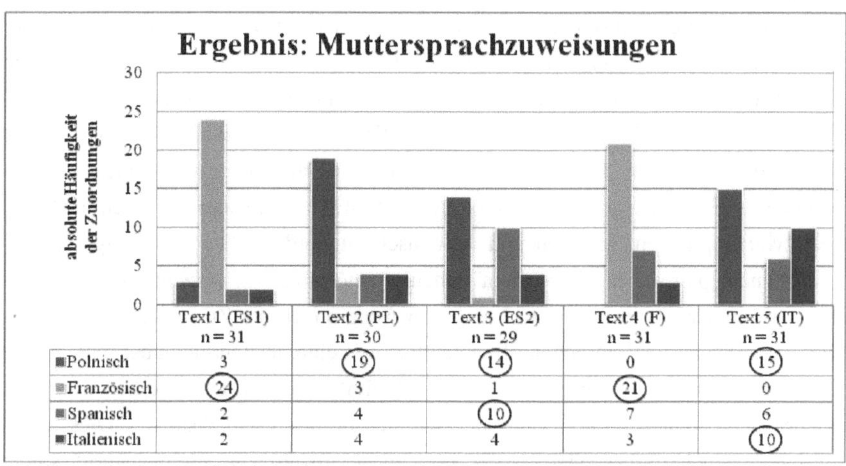

	Text 1 (ES1) n = 31	Text 2 (PL) n = 30	Text 3 (ES2) n = 29	Text 4 (F) n = 31	Text 5 (IT) n = 31
Polnisch	3	19	14	0	15
Französisch	24	3	1	21	0
Spanisch	2	4	10	7	6
Italienisch	2	4	4	3	10

Tabelle 1: Absolute Häufigkeit der Muttersprachzuordnungen (pro Text)

Bei Text 1 (ES1) fällt auf, dass nur zwei Informanten mit ihrer Vermutung richtig lagen, dass die Sprecherin eine Spanierin ist. 24 Informanten (77%) nahmen sie als Französin wahr. Damit ist dies das falscheste Ergebnis insgesamt und übertrifft sogar die Zahl der 21 Französisch-Zuordnungen bei der Französin in Text 4. Bei Text 2 (PL) lagen 19 Personen mit der Wahrnehmung eines polnischen Akzents (63%) rich-

[62] In den Ergebnissen wird zur Verkürzung und Erleichterung des Verständnisses der Begriff „Text“ für „Hörprobe“ verwendet.

[63] Es wurde auf prozentuale Angaben verzichtet, da die Gesamtmenge der Informanten nur 31 war, und Prozentzahlen daher unangemessene und nicht leicht nachvollziehbare Werte darstellen würden. Nur für die höchsten Werte wurde eine Prozentzahl ausgerechnet.

tig. Die wenigen anderen Zuordnungen werden als unbedeutend erachtet. Bei Text 3 (ES2) lagen 10 Informanten (34%) richtig, als sie ES2 für eine spanische Muttersprache hielten. 14 Informanten (48%) allerdings, und damit mehr als die Informanten mit korrekten Spanisch-Zuordnungen (10), glaubten hier einen polnischen Akzent wahrzunehmen. Bei Text 4 (F) lagen 21 Informanten richtig (68%), die einen französischen Sprachhintergrund identifizierten. Bei Text 5 (IT) ist das Bild ähnlich wie bei Text 3 (ES2). Auch hier lagen 10 Personen (32%) mit Italienisch-Zuordnungen richtig und 15 Personen (48%) mit einer Zuordnung zum polnischen Muttersprachhintergrund falsch.

Damit ist die Forschungsfrage 1 zunächst folgendermaßen zu beantworten: Der französische Akzent und der polnische Akzent wurden mit 21 Stimmen (68%) und 19 Stimmen (63%) einfach-mehrheitlich korrekt identifiziert. Der spanische Akzent der ES1 wurde von 24 (77%) von insgesamt 31 Informanten einfach-mehrheitlich falsch als französisch wahrgenommen und nur von zwei Personen (6%) korrekt als spanischer Akzent identifiziert. Somit erscheinen ES2 und IT in einer Grauzone. Beide Sprecherinnen wurden fälschlicherweise relativ mehrheitlich als Polinnen wahrgenommen, gleichzeitig aber von nur vier bzw. fünf Personen weniger ihren tatsächlichen Muttersprachen Spanisch und Italienisch zugeordnet. Die Schwierigkeit zwischen einem polnischen oder einem italienischen/spanischen Akzent zu unterscheiden, wird außerdem in der Betrachtung von Änderungen der Zuweisung klar. Damit sind die Fälle gemeint, in denen offensichtlich erst eine, letztendlich aber eine andere Herkunftssprache zugewiesen wurde. Es gab fünf Mal eine Unsicherheit zwischen Polnisch und Italienisch und vier Mal zwischen Polnisch und Spanisch. Dies waren die häufigsten Unsicherheiten. Auch wenn diese Anzahl von „Schwankern" statistisch nicht stark ins Gewicht fällt, so verdeutlicht sie dennoch, was die Zuordnungsergebnisse schon zeigten: Schwierigkeiten der Zuordnung eines polnischen Akzents im Gegensatz zum spanischen oder italienischen Akzent.

Betrachtet man die am häufigsten miteinander verwechselten Sprecherinnen, also ES1 und F, IT und PL und ES2 und PL, so ist mit Rückbezug auf die Studie von Vieru-Dimulescu/Boula de Mareüil (2006) festzustellen, dass für deutsche linguistische Laien Anderes gilt als für ihr französisches Pendant. Deutsch-Muttersprachler scheinen in der vorliegenden Studie keine Verwechslungsprobleme mit der Spanisch- und Italienisch-Akzentidentifikation zu haben.[64]

Insgesamt waren 62 Muttersprach-Zuweisungen von 152 Zuordnungen korrekt. Dies entspricht ca. 41%. In der Studie von Vieru-Dimulescu/Boula de Mareüil (2006) waren es hier mehr, genauer gesagt über 50%, korrekte Zuweisungen. Dies liegt wahrscheinlich an der hier höheren Zielsprachkompetenz der Sprecherinnen, der wesentlich kleineren Anzahl der Hörproben und den kürzeren Hörproben.

Betrachtet man dieses Ergebnis nun eingehender, so wurden, zumindest relativ betrachtet, fortwährend mehrheitlich entweder Französisch oder Polnisch für die Muttersprache aller Sprecherinnen gehalten. Dies zeigt die absolute Verteilung der gesamten 152 Akzentzuordnungen in Frage 7; Polnisch- und Französisch-Zuweisungen ergeben zusammen 100 von 152 Zuordnungen, also fast zwei Drittel:

Polnisch	**Französisch**	**Spanisch**	**Italienisch**	Σ
51	49	29	23	152

Tabelle 2: Absolute Häufigkeit der Muttersprachzuordnungen (gesamt)

Betrachtet man diese Tatsache und die schon erwähnten Ergebnisse zu den am häufigsten korrekt zugeordneten Sprecherinnen F und PL, zeichnet sich das Bild einer besonderen Rolle dieser beiden Akzente ab.

Es konstituiert sich folgendes Kontinuum der Akzent-Wahl:

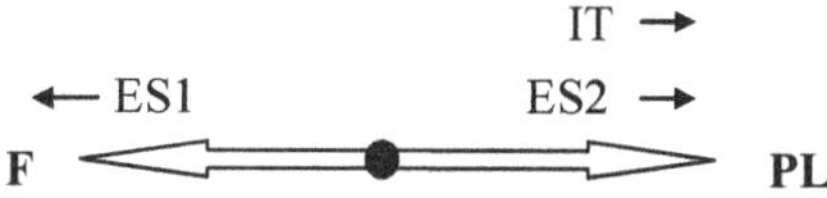

Französisch und Polnisch bilden Orientierungskategorien für ES1 einerseits und IT und ES2 andererseits. Das ist sehr interessant, denn für diese beiden „Orientierungs-

[64] Siehe vergleichend die Zeilen für „Spanisch“ und „Italienisch“: Die Tipps sind entweder beide niedrig (Text 1; Text 2), oder relativ unterschiedlich (Text 3; Text 4; Text 5). Vor allem aber werden die Spanischsprecherinnen weder auffallend häufig, also nicht etwa den Relationen zwischen Polnisch- und Spanisch- bzw. Italienisch-Tipps bei Text 3 und Text 5 entsprechend, für Italienerinnen gehalten noch vice versa.

akzente"[65] sprechen noch weitere quantitative Resultate der Studie. Betrachtet man beispielsweise die Verteilung der Polnisch- und Französisch-Zuweisungen, wenn der jeweils andere Akzent mindestens relativ mehrheitlich getippt wurde, stellt man Gleiches fest:

	Französisch	Polnisch	△
Text 1 (ES1)	24	3	21
Text 2 (PL)	3	19	16
Text 3 (ES2)	1	14	13
Text 4 (F)	21	0	21
Text 5 (IT)	0	15	15

Tabelle 3: Vergleich der Französisch- und Polnisch-Zuordnungen für alle Texte

Die Polnisch- und Französisch-Zuweisungen weisen, im Gegensatz zu allen anderen Akzentpaaren, stets eine Differenz von mindestens 13 und höchstens 21 Stimmen auf. Mit anderen Worten wurde also immer der eine Akzent nur sehr selten zugeordnet, wenn der andere Akzent die mehrheitliche Zuweisung war. Dies lässt auf einen gegenseitigen Ausschluss und damit auf eine besonders stark wahrgenommene Gegensätzlichkeit dieser beiden Akzente schließen.

Ferner wurden die meisten Begründungen[66] bei Frage 6 (freie Vorstellung) und Frage 7 (Hörprobenbeschreibung) zu einer Französisch- oder Polnisch-Wahl gegeben: Französisch wies ca. 210 Merkmalsnennungen auf, Polnisch ca. 130, Italienisch und Spanisch ca. 90.[67]

---

[65] Sie könnten auch „Orientierungssprachen" genannt werden. Es ist nicht sicher, an welchem Parameter sich die Informanten orientiert haben.

[66] Die genannten Zahlen schließen die Kategorie „ohne explizite Merkmalsnennung" aus (vgl. Tabellen in Anhang I-1 bis I-4).

[67] Die Zahlen entsprechen ohne genaue Wahrheitsgarantie den Nennungen, die in Anhang I für jede Sprache aufgelistet wurden. Durch mehrere Kategorisierungsverfahren ist es wahrscheinlich, dass die Nennungen und damit ihre Zahlen nicht mehr exakt die Ursprünglichen sind. Trotz dieser leichten Ungenauigkeiten, wird durch die großen Differenzen schnell deutlich, dass Französisch am meisten beschrieben werden konnte, Polnisch etwas weniger und Spanisch und Italienisch am wenigsten.

Weiterhin wurde bei Beschreibungen des französischen Akzents (in der freien Vorstellung und in der Hörprobenbeschreibung) lediglich sehr selten, genauer gesagt fünf Mal, kein explizites Merkmal genannt[68]:

	Hörprobenbeschreibung (Frage 7)	**Freie Vorstellung (Frage 6)**	**Σ**
Polnisch	14	13	27
Italienisch	8	7	15
Spanisch	5	9	14
Französisch	3	2	5

Tabelle 4: Absolute Häufigkeit „keine explizite Merkmalsnennung"

Dies bedeutet mit anderen Worten, dass den Informanten bei Frage 6 und 7, wenn sie sich auf eine Französin bezogen, am seltensten keine konkrete Begründung ihrer Wahl eingefallen ist.

Auffällig dagegen ist die höchste Anzahl „keine explizite Merkmalsnennung" für den polnischen Akzent, auf die im weiteren Verlauf näher eingegangen wird. Erklärungsansätze zu der Konstitution des Französischen und des Polnischen als Orientierungsakzente werden unter Forschungsfrage 3 in Abschnitt 5.3 elizitiert.

5.2 Forschungsfrage 2: Genannte Sprachmerkmale (qualitativ)

Die zweite Forschungsfrage lautet: „Auf welche Parameter stützen sich linguistische Laien bei der Perzeption und Identifikation eines Akzents und lassen sie sich linguistisch erklären?" Bezüglich der qualitativen Nennungen der Informanten stellt die Unterscheidung zwischen einer Nennung zur akzentgebenden Sprache selbst und einer Beschreibung des Akzents der Sprache im Deutschen eine schwer lösbare Problematik dar (vgl. Abschnitt 4.7). Daher schließt z.B. die Formulierung „polnische Beschreibung", „das Französische" oder gar „polnischer Akzent" in Verbindung mit den Nennungen der Informanten beides ein: Einzelsprache und Akzent im Deutschen.

Überdies muss stets beachtet werden, dass jeder Mensch Repräsentationen (vgl. Abschnitt 3.5) von Entitäten verschiedenster Art kognitiv abgespeichert hat und auf de-

[68] In die Kategorie „keine explizite Merkmalsnennung" fielen Begründungen wie „Intuition", deren Äquivalent „Bauchgefühl" und gänzlich leergelassene Begründungsfelder. Auch hier wird keine Genauigkeitsgarantie in den absoluten Zahlen gegeben. Dessen ungeachtet werden nichtsdestominder die Relationen deutlich.

ren Basis die Welt wahrnimmt. So auch z.B. Sprachbilder. Diese entstehen emisch[69] durch den Höreindruck der Sprache beim Informanten selbst oder durch etische[70], also von außen einwirkende, z.B. mediale oder gesellschaftliche Einflüsse. Daher ist eine Unterscheidung zwischen tatsächlich Perzipiertem und kognitiv Repräsentiertem schwer zu treffen. Um welche Entstehungsart auch immer es sich handelt, es muss linguistische Fakten geben, welche die Höreindrücke oder Sprachbilder der Informanten erklären können. Dies zu versuchen wird Inhalt dieser Forschungsfrage sein. Ein Wahrheits- oder Vollständigkeitsanspruch bezüglich der erläuterten Merkmale wird nicht erhoben.

Bezugsbasis der Betrachtung in dieser Forschungsfrage sind vorrangig die akzentgebenden Sprachen und ihr phonologisches System, das im Akzent übertragen werden könnte. Hierzu wird auf die phonologischen Merkmale der Einzelsprachen zurückgegriffen, die in Abschnitt 3.3 dargelegt wurden. Die linguistischen Erklärungen beziehen sich demnach in den meisten Fällen nicht auf die tatsächlich realisierten Akzent-Merkmale der Sprecherinnen, da eine subjektive perzeptive Bewertung ohne physikalische Analyse verfälschend sein könnte. Eine solche Einschätzung fand nur in wenigen und eindeutigen Fällen statt. Die Auswertung der Nennungen lief wie in Abschnitt 4.7 erläutert ab.[71] Zudem wurden Bezeichnungen wie „andere XY“ oder „falsche XY“ hier nicht aufgeführt, da sie zu unspezifisch sind und bei allen untersuchten Sprachen genannt wurden. Segmental betrachtet wurden Vokale dann, wenn die Nennung eindeutig in den qualitativen Bereich fiel, auch wenn quantitative Aspekte ausschlaggebend gewesen sein mögen. Sind es keine explizit linguistischen Kategorien, die hier aufgeführt werden (z.B. „weich“), so liegt dies daran, dass hier die bezeichneten Substantive (z.B. „XY Betonung“, „XY Sprache“) verschiedene waren. Alle Äußerungen zu den Kategorien „melodisch/unmelodisch“, „weich/hart“, „fließend/abgehackt“ und „betont/unbetont“ werden in der Forschungsfrage 3 linguistisch näher erläutert und daher in diesem Abschnitt ausgelassen. Wurden sie unter „Supra-

---

[69] „Emisch“ geht auf die Suffixbildung des englischen *(phon)emics* zurück (vgl. Bußmann 2008: 178). Gemäß Kenneth L. Pike (1954/1967: 38) bezeichnet „emisch“ somit etwas, das sich aus dem Individuum heraus entwickelt.

[70] „Etisch“ ist das Gegenteil von „emisch“ und lehnt sich ursprünglich an die Suffixbildung des englischen *(phon)etics*, die sich mit Sprachlauten allgemein beschäftigt, an (vgl. Bußmann 2008: 178). Kenneth L. Pike ([1954] 1967: 38) beschreibt „etisch“ als etwas an das Individuum von außen Herangetragenes.

[71] Eine detailliertere Darstellung der Nennungen und nicht betrachteter Äußerungen, siehe Anhang I-1 bis I-4.

segmentalia" eingeordnet, so bedeutet das, dass hier zwar segmentale Faktoren, wie z.B. ein fehlender Glottalverschluss ursächlich sind, sie jedoch suprasegmental von den Informanten wahrgenommen wurden,[72] z.B. als „weiche Aussprache".
Es werden nun also die mit Ausnahmen am häufigsten genannten Merkmale aller Sprachen dargestellt. Die Spanisch- und Italienisch-Nennungen werden dabei aufgrund ihrer untergeordneten Relevanz weniger ausführlich diskutiert.

5.2.1 Sprachbilder

5.2.1.1 Französisch

Hörprobenbeschreibung (Frage 7)	Freie Vorstellung (Frage 6)
Segmentalia	***Segmentalia***
Lenis/Non-Aspiration	Artikulationsmodus
- „Fuchs", 6x	- „nasal", 4x
Konsonanten	Konsonanten
- „kein h", 4x	- „kein H", 17x
- „ch=sch", 18x	- „ch=sch", 14x
Vokale	Vokale
- „e als ö", 8x	- „e als ö", 4x
Suprasegmentalia	***Suprasegmentalia***
Intonation	Intonation
- „Melodie/melodisch", 5x	- „Melodie", 3x
- „am Satzende Stimme hoch", 3x	- „am Satzende Stimme hoch", 2x
- emotionale Melodie	
	Sprechstimmlage:
	- recht hohe Stimmlage
„weich", 5x	„weich", 6x
„fließend", 4x	„fließend", 2x

[72] Dies ist nachvollziehbar, da ein linguistischer Laie vermutlich nichts von einem Glottalverschluss oder derartigen Merkmalen weiß und daher nur den perzipierten Effekt benennen kann, den jene Segmentalia haben.

Hörprobenbeschreibung (Frage 7)	Freie Vorstellung (Frage 6)
„abgehackt“, 3x	„abgehackt“, 4x

Tabelle 5: Sprachbild Französisch

Im segmentalen Bereich wurde im Wort „Fuchs“ das [k] als stark lenisiert und nicht aspiriert wahrgenommen. Der nasale Artikulationsmodus, der sich wohl auf die nasalen Vokale Französischen bezieht, wurde nur in der freien Beschreibung erwartet. Als salient betrachtet wurde weiterhin die Realisierung des deutschen „e“ durch [œ]. Der fehlende Frikativ [h] wurde sehr häufig wahrgenommen (Frage 7) und frei erwartet (Frage 6). Am meisten genannt wurde jedoch die nicht-deutsche Realisierung des „ch“, d.h. [ç] realisiert als [ʃ]. Für die suprasegmentalen Wahrnehmungen (beschreibend und frei) des Französischen spielt der „melodische“ Charakter eine große Rolle, so auch „weich“, „fließend“ und „abgehackt“. Diese Kategorien werden in Abschnitt 5.2.4 diskutiert. Die Grundfrequenz der Stimme scheint für drei Informanten im Französischen am Satzende „hoch zu gehen“. Dies ist wahrscheinlich mit der Betonung der letzten Silbe im Wort bzw. dem doppelten Akzent auf der letzten Silbe der letzten Intonationseinheit der Äußerung zu erklären (vgl. Abschnitt 3.3.2.2). Wie schon erwähnt, äußert sich der Akzent auch in der Veränderung der Grundfrequenz F_0, sodass zusätzlich eine steigende Intonation wahrgenommen werden könnte. Auffällig ist die Nennung zum Thema „hohe Stimmlage“, die von einer Informantin beim französischen Akzent erwartet wurde. Darauf werde ich in Abschnitt 5.2.3 genauer eingehen.

5.2.1.2 Polnisch

Hörprobenbeschreibung (Frage 7)	Freie Vorstellung (Frage 6)
Ableitung - abgeleitet von unseren polnischen Studenten - klingt wie polnische Nutte - klingt wieder ein bisschen russisch - klingt schon wieder so östlich (russisch, polnisch)	Ableitung - klingt wie Russisch, klumpig - eindeutig slawisch zuzuordnen

Hörprobenbeschreibung (Frage 7)	Freie Vorstellung (Frage 6)
Segmentalia Konsonanten - „gerolltes R“, 24x Vokale - „offenes o“, 2x bei „umdrehte“ „e zu ä“, 4x ***Suprasegmentalia*** Intonation - „Melodie am Ende nach unten“, 2x Akzent/Betonung - starke Betonung - unbetont „hart“, 5x „abgehackt“, 4x	***Segmentalia*** Konsonanten - „gerolltes R“, 11x ***Suprasegmentalia*** Intonation - „unmelodisch“, 2x Akzent/Betonung - sehr unbetont Sprechstimmlage - tiefe Stimmlage „hart“, 4x „abgehackt“, 3x

Tabelle 6: Sprachbild Polnisch

Auffällig für die Polnisch-Nennungen sind die häufigen Ableitungen vom „Russischen“, „Östlichen“, „Slawischen“ und „Polnischen“. Die im Leitfadeninterview befragte Informantin bestätigte, dass sie Polnisch teilweise mit Russisch gleichsetze (vgl. Anhang H-2, Z.11). Sie betonte jedoch auch, dass sie dies vor dem Hintergrund fehlender Sprachkenntnisse der beiden Sprachen tue. Über das Interview jedoch mehr in Abschnitt 5.2.3.

In den Polnisch-Nennungen wurden am häufigsten segmentale Merkmale genannt. Die meisten Äußerungen beziehen sich auf das „gerollte R“, also den alveolaren Vibrant [r] oder den Tap [ɾ][73]. Bezüglich der Vokalqualität fällt das halboffene [ɔ] und

[73] Ich nenne in diesen Fällen stets beide Realisierungsmöglichkeiten, da bei diesem Aspekt unspezifiziert bleibt, für welche der Sprecherinnen genau das jeweilige Merkmal angegeben wurde.

ein kurzes „ä", also [ɛ], im Wort „umdrehte" auf. Dies entspricht linguistischen Fakten des Polnischen, da es ausschließlich [ɔ] für „o" und ein „e" als halboffenes [ɛ] realisiert.

Im suprasegmentalen Bereich falle gemäß zweier Informanten die Intonation am Satzende. Dies betrachte ich als Gegenstück zu den Französisch-Nennungen. „Unbetont" und „starke Betonung" widersprechen sich zwar, dennoch scheint „unbetont" wichtiger, weil es einzig bei den Beschreibungen des Polnischen genannt wurde. Die Bezeichnungen „hart" und „abgehackt" werden in Abschnitt 5.2.4 diskutiert. Sie fallen deutlich in den polnischen Nennungen auf und bilden ein Gegengewicht zum französischen Bild. Die der Nennung für das Französisch direkt entgegengesetzte Vorstellung der „tiefen Stimmlage" im Polnischen wird in Abschnitt 5.2.3 eingehender untersucht.

Es folgen nun ein paar kürzere Erläuterungen zu den Spanisch- und Italienisch-Nennungen, da jene beiden Akzente in dieser Studie, wie in Abschnitt 5.1 gezeigt, nur eine untergeordnete Rolle spielen.

5.2.1.3 Spanisch

Hörprobenbeschreibung (Frage 7)	Freie Vorstellung (Frage 6)
Segmentalia Konsonanten „gerolltes R", 6x Vokale - „umdrähte"/„umdrette", 2x ***Suprasegmentalia*** Intonation - geschwungenere Aussprache - nicht melodiös Akzent/Betonung - „starke Betonung/betont", 2x	Ableitung ähnlich wie Italienisch, flüssigere Sprachmelodie ***Segmentalia*** Konsonanten - „gerolltes R", 8x „lispeln", 6x „scharfes s", 5x ***Suprasegmentalia***

Hörprobenbeschreibung (Frage 7)	Freie Vorstellung (Frage 6)
Sprechtempo - schnell „hart", 3x „abgehackt", 4x	Sprechtempo „schnell", 3x

Tabelle 7: Sprachbild Spanisch

In den Spanisch-Nennungen fällt insgesamt auf, dass die perzeptiven Empfindungen nicht so eindeutig sind wie die des Französischen oder Polnischen. Bei den Segmentalia wird zwei Mal das offene „ä", [ɛ], statt einer [eː]-Realisierung im Wort „umdrehte" genannt. Auch hier ist das „gerollte R" erneut die häufigste Nennung. „Lispeln" bezieht sich wahrscheinlich auf das spanische [θ][74]. Zudem wurde ein „scharfes s", also vermutlich das stimmlose [s] an Stelle des deutschen stimmhaften [z], in der freien Vorstellung relativ häufig genannt.
Auf suprasegmentaler Ebene ist in Bezug auf die Intonation eine Gegensätzlichkeit zwischen „geschwungen" und „nicht melodiös" festzustellen. Dieses zerrissene Bild zeigt sich für das Spanische häufiger (vgl. Anhang L-1 bis L-4). Außerdem scheint Spanisch eher als „abgehackt" und „hart" wahrgenommen zu werden (vgl. Abschnitt 5.2.4). Auffällig sind zudem Nennungen eines „schnellen" Sprachtempos.

5.2.1.4 Italienisch

Hörprobenbeschreibung (Frage 7)	Freie Vorstellung (Frage 6)
Segmentalia Konsonanten - „gerolltes R", 8x Vokale - „ä statt e", 2x	***Segmentalia*** Konsonanten - „gerolltes R", 7x Epithese - „kurzes e an Wörter gehängt", 6x

[74] Gerade in diesem Fall z.B. liegt die Vermutung nahe, dass sich die betroffenen Informanten eher auf die spanische Phonologie als solche, anstatt auf den spanischen Akzent im Deutschen bezogen. Dies ist ein gutes Beispiel für die in Abschnitt 5.2 angesprochene Problematik der Unterscheidung zwischen Akzent- und Sprachmerkmalen.

Hörprobenbeschreibung (Frage 7)	Freie Vorstellung (Frage 6)
Suprasegmentalia Akzent/Betonung - „traurig"-Betonung, 2x	***Suprasegmentalia*** Intonation - „melodisch", 2x - oft/meistens zum Satzende hin Stimme hoch - viel Betonung von Höhen und Tiefen - Sonstiges, 3x Akzent/Betonung - klangvolle Betonung - starke Betonung der 1. Silbe - betont Rhythmus - „typische Pausen", 2x - klingt sehr rhythmisch
„hart", 2x „fließend", 2x	„weich", 2x „melodisch", 6x

Tabelle 8: Sprachbild Italienisch

Auf segmentaler Ebene findet man für das Italienische erneut das „gerollte R" als meistgenanntes Merkmal. In der freien Vorstellung wird außerdem häufig das Epithesen-Phänomen genannt. Des Weiteren nennen zwei Informanten eine [ɛ]- statt einer [e]-Realisierung im Wort „umdrehte". Auffällig für die suprasegmentalen Italienisch-Nennungen ist der direkte Bezug auf das Wort „traurig", wobei hier wahrscheinlich statt einem deutschen echten Diphthong ein Hiatus gemeint ist. In der freien Vorstellung des italienischen Akzents spielt die Intonation die wichtigste Rolle verglichen mit den anderen untersuchten Sprachen. Die Intonation wird als „melodisch" und dynamisch erwartet. Dem Italienischen werden die Begriffe „klangvoll", „(stark) betont" (vgl. hierzu ausführlicher Abschnitt 5.2.4) und „rhythmisch" zugeschrieben.
Auf ein Resumé wird auf Grund der ausführlichen graphischen Darstellung an dieser Stelle verzichtet.

5.2.2 Weitere Erkenntnisse

In Anbetracht aller Sprachbilder und der häufigsten Nennungen fällt auf, dass die Informanten für alle vier betrachteten Akzente segmentale Merkmale am häufigsten genannt haben. Eine vergleichbare Zahl aus der Studie von Vieru-Dimulescu/Boula de Mareüil (2006) ist leider nicht angegeben. Unter die hier am häufigsten genannten Merkmale fällt das „gerollte R" für Polnisch, Spanisch und Italienisch[75] mit den meisten Aufführungen insgesamt. Dies ist eine Parallele zur Studie von Vieru-Dimulescu/Boula de Mareüil (2006), in der die alveolare/Tap-r-Realisierung für die Informanten bezüglich eines südlichen Herkunftslandes von großer Bedeutung war. Bei Informanten, deren Muttersprache eine uvulare r-Produktion aufweist, scheint dieses segmentale Merkmal also besonders salient zu sein. Die weiteren häufigsten Nennungen betreffen das „ch=sch", also [ç] als [ʃ] realisiert, das „e als ö", d.h. [e] als [ø], und das stumme [h] für das Französische. In der nicht betrachteten Kategorie „Vokalquantität" findet man allerdings die meisten Nennungen der gesamten Studie, vor allem bei Polnisch- und Französisch-Zuordnungen.[76] Dass segmentale Merkmale am häufigsten genannt werden, darf man, wie in Abschnitt 2.2 erläutert, jedoch nicht leichtfertig damit gleichsetzen, dass sie auch am wichtigsten für die Akzentidentifikation sind. Man kann zunächst nur feststellen, dass sie am häufigsten formuliert wurden. Gründe hierfür sind möglicherweise eine größere Bewusstheit der segmentalen Marker oder ihre leichtere Formulierbarkeit. Diese Phänomene wiederum könnten durch den Ausspracheunterricht beim Sprachenlernen in Deutschland erklärt werden. Es kann davon ausgegangen werden, dass Deutschen ihre Schwierigkeiten mit z.B. den alveolaren [r, ɾ]-Lauten bekannt sind. Das [h], die Frikative [x] und [ç] und das [e] und Schwa [ə] sind sehr wichtige und frequente Laute im Deutschen. Daher fallen sie eventuell auch am schnellsten auf und lassen sich grundsätzlich einfach und zügig beschreiben. Außerdem ist anzunehmen, dass durch Gesellschaft, Sprachunterricht und internationale Kontakte die markantesten Ausspracheschwierigkeiten für Nicht-Deutsche relativ allgemein bekannt sind. So werden gerade sie am häufigsten erwartet. All dieses Erfahrungswissen könnte der Grund sein, warum gerade diese Merkmale so häufig genannt werden. Eine detailliertere Untersuchung hiervon wäre sicher

---

[75] Wobei es für Polnisch am häufigsten und für Spanisch und Italienisch gleich viel weniger genannt wurde.

[76] Diese sind aufgrund der Menge der auszuwertenden Daten jedoch nicht exakt quantifizierbar. Es sind ca. 29 Nennungen für Französisch und ca. 20 Nennungen für Polnisch.

interessant und kann, auf dieser Studie aufbauend, in weiteren Arbeiten durchgeführt werden.

5.2.3 Leitfaden-Interview zu Sprechstimmlage und Register

Wie schon angedeutet, gab es auch Nennungen zur Sprechstimmlage (vgl. Abschnitt 3.2) des Französischen und Polnischen. Obgleich dieser Aspekt nur von einer in die Auswertung genommenen Informantin genannt wurde, erscheint er mir sehr interessant. Die Sprechstimmlage gehört zu den prosodischen und damit suprasegmentalen Merkmalen von Sprache (vgl. Nebert 2007: 1). Das bedeutet, dass sie während der gesamten Äußerung eines Menschen wahrnehmbar ist. Diese Tatsache macht es wahrscheinlich, dass auch noch andere Informanten die Sprechstimmlage zumindest, wenn auch nicht bewusst, wahrgenommen oder verbalisiert haben. Außerdem ließ sich eine exemplarische physikalische Analyse zu diesem Thema gut durchführen. Diese Gründe veranlassten mich, diesbezüglich eine nähere Befragung der Informantin I durchzuführen. Sie hatte bei der freien Vorstellung zum Französischen und Polnischen eine hohe bzw. für Polnisch eine tiefe Sprechstimmlage erwähnt. Auch bei der ES2, die sie als Polin identifiziert hatte, nannte sie die Stimmlage in ihrer Äußerung „klingt wieder ein bisschen russisch (obwohl recht hohe Tonlage)“ (Anhang I-2). In dem Interview bestätigte sie, dass sie mit Französisch eine hohe Stimmlage verbinde und mit Polnisch eine tiefe (vgl. Anhang H-2, Z.14, 32f., 44) - zumindest im Falle von Frauenstimmen (Z.56). Mit „Stimmlage“ bezeichne sie „wie hoch oder tief jemand spricht“ (Z.75f.). Jedoch fügte sie später im Interview hinzu, dass diese Annahme bei längerem Nachdenken immer unwahrscheinlicher würde (Z.37f.). Daran lässt sich ablesen, dass es sehr wahrscheinlich ist, dass meine Informanten schon eine feste Vorstellung einer Sprache oder eines Akzents im Kopf haben und diese dann auch niederschreiben, ohne sie zwingend wahrgenommen zu haben (vgl. Abschnitt 5.2). Es ist weiterhin wichtig hinzuzufügen, dass die Informantin über keinerlei Kenntnisse des Polnischen oder Russischen verfügte (Z.96f.) und auch eher wenig Kontakt mit diesen Sprachen hatte (Z.100ff.).

Während des Interviews wurde sie gebeten, die Sprechstimmlage eines französischen und eines polnischen Muttersprachlers zu imitieren. Es ergibt sich nach einer *pitch*-Analyse mit Hilfe des Programmes *Praat*, dass die Grundfrequenz F_0 in einem Ausschnitt, in dem die I frei berichtet, einen Mittelwert von ca. 200 Hz (Min. 2:43 - 3:09) aufweist. Die erste ihrer Polnisch-Imitationen zur Sprechstimmlage wurde nicht ausgewertet, weil die Interviewerin zur selben Zeit lachte und so der *pitch* der Informantin dort nicht berechnet werden konnte. Bei Imitation 1 (PL) in Min. 01:58 - 02:04, die in vier einzelnen Abschnitten ermittelt wurde, um tatsächlich nur ihre Stimme und nicht etwa die Bemerkungen der Interviewerin zu analysieren, weist sie Mittelwerte von 187 Hz, 182 Hz, 173 Hz und 163 Hz[77] auf (vgl. Praat-Screenshot, Anhang J-1). Diese liegen alle deutlich unter ihrem gewöhnlichen Mittelwert. Imitiert sie dagegen die „französische Stimmlage" in Min. 03:17 – 03:19, weist sie in den vier Einzelabschnitten die Mittelwerte 322 Hz, 236 Hz, 380 Hz und 387 Hz auf (vgl. Praat-Screenshot, Anhang J-2). Diese sind erstens deutlich höher als die Werte der Polnisch-Imitation 1 (PL) und zweitens auch deutlich höher als ihre gewöhnliche Sprechstimmlage.

Die Interviewte bezog sich im weiteren Verlauf des Gesprächs selbstständig auf den „Tonumfang", also das Register (vgl. Abschnitt 3.2) vom Französischen und Polnischen (vgl. Anhang H-2, Z.83ff.). Hierbei gab sie an, dieser wäre im Polnischen oder Russischen geringer als im Französischen. Polnisch wäre „eintönig" (Z.13f.) und hätte „nicht viel Variation" (Z.13), wäre „mehr so nacheinander" (Z.91). An dieser Stelle imitiert sie ein weiteres Mal die beiden Sprachen und weist bei der polnischen Imitation in Min. 06:32 – 06:33 eine F_0 zwischen 197 Hz (*minimum pitch*) und 245 Hz (*maximum pitch*) mit einer Differenz von 48 Hz auf (vgl. Anhang J-3). Das Register ist hier also relativ klein, die Intonationskurve zeigt wenig Steigungen und Gefälle. Ihr gewöhnliches Register beträgt ca. 75-362 Hz (Differenz: 287 Hz), exemplarisch gemessen in Min. 2:43-3:09. Normalerweise spricht sie also mit einem wesentlich größeren Register. Das französische Register imitiert I in Min. 06:26 - 06:28 mit einer F_0 zwischen 72-528 Hz, also einer Differenz von 456 Hz (vgl. Anhang J-4). Die Grundfrequenz steigt und fällt hier sehr stark. Ihr gewöhnliches und ihr „polnisches" Register sind somit kleiner als ihr „französisches".

Resümierend imitierte sie physikalisch messbar für Polnisch ein kleines und für Französisch ein großes Register. Dies bedeutet, dass die beiden Imitationen ihre Ansicht, dass Französisch einen wesentlich größeren „Tonumfang" habe als das Polnische, faktisch untermauern.

Eine mögliche Erklärung für die Empfindung einer höheren französischen Sprechstimmlage könnte eventuell das als größer empfundene Register sein. Sind die Unterschiede in den Frequenzwerten sehr groß, so müssen zwingend auch sehr hohe Hertz-Werte erreicht werden. Der Eindruck einer insgesamt höheren Sprechstimmlage kann

[77] Der F_0-Verlauf ist in den Praat-Screenshots als dicke, dunkle Linie dargestellt.

durch viele hohe Töne dementsprechend entstehen. Im französischen Fall könnten z.B. auch die steigende Intonation (LHLH) in Aussagesätzen bzw. die *edge*-Betonung Grund für die Empfindung einer höheren Sprechstimmlage sein. Diese Intonationsart wird zudem tatsächlich in den Französisch-Nennungen zwei Mal genannt (vgl. Abschnitt 5.2.1.1). Im polnischen Fall wurde hierzu in der konkreten Hörprobenbeschreibung, als Gegenstück zum Französischen, zwei Mal eine „nach unten gehende Melodie" genannt. Wie schon in den Darlegungen zur polnischen Phonologie (vgl. Abschnitt 3.3.3.2) erwähnt, ist lediglich sicher, dass das Polnische einen Penultimaakzent und einen Rhema-betonenden Satzakzent aufweist. Dass diese Umstände eine andere Wahrnehmung bewirken als die des Französischen, ist gut möglich. Ob es die einer perzeptiv tiefen Sprechstimmlage ist, ist ungewiss. Angesichts der häufigen Assoziation mit „Russisch" und „Slawisch" allerdings ist es auch möglich, dass diese die ausschlaggebenden Verknüpfungen sind. Letztendlich kann an dieser Stelle nur spekuliert werden, sowohl über die Tonlage „der Polen" als auch über das Bild linguistischer Laien hierüber. Dies muss daher in einer anderen Arbeit genauer untersucht werden.

Nun ist es interessant zu untersuchen, ob die Empfindungen der I auch physikalischen Gegebenheiten entsprechen. Die Polin und die mehrheitlich als polnische Muttersprachlerin identifizierte Italienerin weisen die jeweils tiefste Sprechstimmlage mit 222 Hz (PL) und 194 Hz (IT) auf. Zudem realisieren sie die kleinsten Register mit Differenzen von 220 Hz (PL) und 296 Hz (IT). Die Französin hat physikalisch die höchste Sprechstimmlage (278 Hz) und das größte Register (434 Hz). ES1 und ES2 ordnen sich im Mittelfeld ein, wobei ES2 jedoch, mehrheitlich als Polin identifiziert, die zweithöchste Stimmlage und das zweitgeringste Register aufweist. Die von 77% der Informanten als eine Französin wahrgenommene ES1 liegt in der Mitte aller Werte, ist also weder besonders hoch oder tief noch bewegt oder unbewegt in ihrer Intonation (vgl. Anhang K). Offensichtlich widersprechen die F_0-Werte der ES1 und ES2 der These der Informantin, dass „Franzosen" hoch und „Polen" tief sprächen – zumindest falls die Akzentidentifikation mit ausschließlich diesem Aspekt erklärt werden sollte. Da es aber sehr unwahrscheinlich ist, dass ein Akzent nur durch die Sprechstimmlage oder das Register kategorisiert wird, ist es angebracht, es zumindest als Teil einer Erklärung zu erwägen. Ferner ist wichtig zu betonen, dass diese Analyse-Ergebnisse nur schwer etwas über die Sprechstimmlagen generell der untersuchten Sprachen und ihrer Sprecher auszusagen vermögen. Für solche Thesen sind es zu wenig getestete Sprecherinnen und anstatt freier Rede der Vorlesestil einer Kindergeschichte. Hierdurch werden intonatorische Faktoren stark beeinflusst, je nach „Engagement“ der Sprecherinnen. Gerade die Französin beispielsweise versucht wahrnehmbar viel Leben in die Geschichte zu bringen, was wahrscheinlich ihren F_0-Verlauf beeinflusst. Bei freier Rede wären Aussagen über Sprechstimmlage und Register vermutlich verlässlicher.

Damit ist dieses Thema aufgrund fehlender weiterer empirischer Evidenzen in dieser Studie mit Vorbehalt zu betrachten. Gleichwohl ist es nicht unmöglich, dass weitere Informanten unbewusstes Sprachwissen über den Verlauf der Grundfrequenz in verschiedenen Sprachen haben und nutzen. Durch die Abfrage der Sprachkenntnisse stellte sich heraus, dass nur sehr wenige der Informanten über Polnisch- oder gar Russisch-Kenntnisse verfügen. Zudem befinden sich alle im ersten oder zweiten Semester an der EUV, und sind durchschnittlich 22 Jahre alt, also noch relativ jung (vgl. Abschnitt 4.5). Diese Fakten sprechen dafür, dass auch die anderen Informanten neben I nicht viel konkrete Erfahrung mit diesen Sprachen haben und ihr Sprach-Bild daher vermutlich eher etisch, denn emisch geprägt ist. Dass dieses eventuell unbewusste Sprachwissen nicht verbalisiert wird, ist ein anderes, sehr aktuelles Problem der perzeptiven Linguistik und wird hier nicht weiter vertieft. In jedem Fall sollten der Aspekt der Sprechstimmlage und des Registers nicht unerwähnt bleiben und wären sehr interessante und zu vertiefende Forschungsaspekte der freien Akzentidentifikation linguistischer Laien.

5.2.4 Laienlinguistische Orientierungsdichotomien

Wie schon angedeutet, spielt auch die suprasegmentale Ebene für die Informanten eine Rolle, wenn auch empirisch eine etwas geringere. Der Begriff „suprasegmental“ wird hier nun weiter gefasst und beschreibt umfassende, häufig unspezifizierte laienlinguistische Klangeindrücke von Sprache. Diese werden hier genauer untersucht. Dazu habe ich Kategorien aus den meistgenannten Adjektiven gebildet. Jene Adjektive wurden von den Informanten entweder isoliert genannt oder bezogen sich auf Substantive wie beispielsweise „Sprache“, „Klang“, „Aussprache“ oder „Satzenden“. Auch andere, semantisch ähnliche Beschreibungen wurden dem jeweiligen Adjektiv untergeordnet. Grund für diese Kategorisierung ist die gezielte Betrachtung laienlinguistischer Begriffe, mit denen perzeptive Phänomene verbal beschrieben werden. Die aufgestellten Kategorien sind interessanterweise dichotomisch und zwar sind es die Gegensätze „weich/hart“, „fließend/abgehackt“ und, weniger häufig, „melodisch/unmelodisch“ und „betont/unbetont“. Da es gegensätzliche und weite Kategorien sind, nenne ich sie „Orientierungsdichotomien“ der Informanten, bestehend aus jeweils einzelnen Orientierungswahrnehmungen. Im Folgenden werden einige mögliche linguistische Erklärungsansätze für die Entstehung der einzelnen Orientierungswahrnehmungen der vorliegenden Studie dargestellt.

5.2.4.1 „Weich/hart“

Das Gegensatzpaar „weich/hart“ ist vorrangig für das Französische im Gegensatz zum Polnischen zu finden (vgl. Anhang L-1) und wird hier daher nur in diesen Fällen detaillierter betrachtet. Für das Französische wurde häufig das Adjektiv „weich“ genannt, sowohl in der freien Vorstellung als auch in den konkreten Hörprobenbeschreibungen. Eine linguistische Erklärung auf segmentaler Ebene könnte z.B., kontrastiv zum polnischen [ɛ], der im Französischen häufig vorkommende und beim geschriebenen „e“ realisierte halbgeschlossene Vokal [œ] sein. Durch die Lippenrundung bei seiner Produktion könnte er runder, geschlossener klingen und daher „weich“ perzipiert werden.[78] Auch die Betrachtung der Häufigkeit vokalischer und konsonantischer Phoneme im Französischen wäre sicherlich aufschlussreich, doch fehlen hier miteinander vergleichbare und verlässliche Quellen. Zwar segmental basiert, jedoch eher suprasegmental perzipiert, könnte der fehlende Glottalverschluss eine linguistische Erklärung für „weich“ sein. Allerdings existiert jener auch in der polnischen Sprache nicht. Zudem könnte die fehlende Auslautverhärtung eine „harte“ Wortauslautung verhindern. Diesbezüglich wäre es möglich, dass gerade die Tendenz zu Lenisierung im Auslaut und auch die fehlende Aspiration bei Plosiven oder Frikativen im Französischen Merkmale sind, die es „erweichen“. Zudem spielt hier vermutlich die *élision* und die *edge*-Betonung eine große Rolle, die den „weichen“ Höreindruck der fehlenden Auslautverhärtung verstärken könnte. Die Markierung der *edges* könnte bewirken, dass die Betonung metaphorisch gesprochen von *edge* zu *edge* strebt. Durch das Zusammenfallen des Wort- und Satzakzents am Äußerungsende, bildet sich dort eine Art Akzentschwerpunkt (vgl. Abschnitt 3.3.2.2), der womöglich eine strebende perzeptive Wirkung verstärkt. Auf diese Weise könnte ein flie-

[78] I nutzte intuitiv in ihrer französischen Imitation 1 das [y] bzw. [yː], also einen fast geschlossenen Vokal mit Lippenrundung (vgl. Anhang J-2). Auch in der zweiten Französisch-Imitation realisierte sie ausschließlich den geschlossenen und gerundeten Vokal [u] und das geschlossene [i] (vgl. Anhang J-4). Dies könnte ein Hinweis darauf sein, dass sie dieses Sprachwissen geschlossener und meist gerundeter Vokale tatsächlich unbewusst mit „Französisch“ verbindet.

ßender Klangcharakter des Französischen begünstigt werden. Hörbare „Einschnitte", die generell „hart" wirken könnten, entstehen dadurch vermutlich weniger. Dies sind jedoch zu prüfende Annahmen. Wahrscheinlich macht gerade die Akkumulation dieser einzelnen phonologischen Merkmale des Französischen den „weichen" Höreindruck aus. Es wird ferner eine hierzu passende charakterliche Beschreibung angegeben: „süß" (vgl. Anhang I-1). Dieses Adjektiv wird eventuell semantisch mit „weich" verbunden. Die im Leitfadeninterview befragte deutsche Muttersprachlerin äußert zudem: „man sagt ja auch das Französische klingt wie Gesang" (Anhang H-2, Z.47f.). Wenn diese eine allgemeinere Meinung ist bzw. hier eindeutig auf einen etischen Eindruck referiert wird, so kann vermutet werden, dass mit „Gesang" etwas Fließendes und daher Weiches verbunden wird.
Der polnische Akzent dagegen wurde oft in der freien Vorstellung und der konkreten Hörprobenbeschreibung als „hart" angesehen. Analog zur französischen Betrachtung könnten auch hier auf segmentaler Ebene die zwei polnischen halboffenen Vokale [ɛ] und [ɔ] eventuell eher „hart", „ungerundeter" und daher „bremsender" wirken.[79] Hier wäre es ebenso sicher interessant, die konsonantische und vokalische Phonem-Frequenz im Polnischen zu untersuchen. Hierfür fehlen jedoch passende Quellen. Da Polnisch keinen systematischen Glottalverschluss hat, kann dieser nicht als Erklärungsansatz für „hart" dienen. Jedoch weist das Polnische eine Verhärtung der absoluten Auslaute auf, wodurch Wörter phonetisch „hart" enden. Zudem könnten Fortisierung[80], nicht-palatale Aussprache ursprünglich nicht-aspirierter und stimmhafter Konsonanten hier eine Rolle spielen. Des Weiteren liegt der Wortakzent auf der vorletzten statt wie im Französischen auf der letzten Silbe. Der Satzakzent ist Rhema-bestimmt, eine Betonungsdoppelung am Äußerungsende ist unwahrscheinlich (vgl. Abschnitt 3.3.3.2). Dadurch könnte gegenteilig zum Französischen weniger Fließcharakter entstehen und somit das Polnische auch härter als Französisch wirken.

---

[79] Hier ist anzumerken, dass die I des Interviews bei ihrer zweiten Polnisch-Imitation die Lautkette [dˌʰœ] mit einem halboffenen [œ] realisiert (vgl. Anhang J-3). Dies könnte bedeuten, dass sie Polnisch tatsächlich eher mit offeneren Vokalen verbindet. Ihre Imitationen insgesamt sind selbstverständlich nicht repräsentativ, sollten aber auch nicht unbeachtet bleiben und stellen spannende Ansätze für weitere Imitations-Forschungen dar.

[80] Wie in Fußnote 79 sichtbar, fortisierte I das [dˌʰ]. Ihre zusätzliche Aspirierung des [dˌʰ] macht es noch härter. Auch dies könnte mit unbewusstem Sprachwissen über die polnische Phonologie verbunden sein.

Für die Polnisch-Beschreibungen der Informanten wurde wie erwähnt häufig das Adjektiv „östlich“, „slawisch“ und „russisch“ genannt. Die Aussage „typisch slawisch, sehr harte Aussprache“ (vgl. Anhang I-2) exemplifiziert die Sichtweise der Informanten über die slawischen Sprachen als „harte“ Sprachen. Auch für das Polnisch-Bild liegt die Vermutung nahe, dass die Einschätzung der Informanten durch repräsentierte Sprachbilder beeinflusst wurde. Ohne Beweise zu haben, könnte man annehmen, dass dieses Bild des „harten Slawischen“ ein etisches ist. Dies bleibt allerdings zu untersuchen.

Sollte man eine Bemerkung zur Einordnung des spanischen und italienischen Akzents machen, so tendiert der spanische Akzent dazu, in der freien Vorstellung der Informanten „hart“ zugeordnet zu werden. Italienisch ist nicht eindeutig bestimmbar. Deutlich wird, dass für diese beiden Sprachen die Wahrnehmungen wesentlich unschärfer und vor allem weniger zahlreich sind als im polnischen und französischen Fall.

5.2.4.2 „Fließend/abgehackt“

In der Kategorie „fließend“ fasse ich Begriffe bzw. Paraphrasen wie „flüssig; Sprachfluss; geleiert; genuschelt; Wörter stark zusammengezogen; starke Verbindung der Wörter; ins nächste Wort überfließen“ zusammen (vgl. Anhang L-2). Ein „fließender“ Charakter wurde vor allem dem französischen Akzent frei und konkret beschreibend zugeordnet. Dies könnte zum Teil an den schon für die Beschreibung des Adjektivs „weich“ vermuteten suprasegmental wirkenden Merkmalen des Französischen liegen: dem fehlenden Glottalverschluss, nicht vorhandener Auslautverhärtung, dem Ultimaakzent und der *edge*-Betonung (vgl. Abschnitt 5.2.4.1). Die steigende Intonation des Französischen (vgl. Abschnitt 3.3.2.2) könnte zusätzlich einen (auf)strebenden und daher fließenden Höreindruck bewirken. Ein weiterer Grund ist womöglich die Epithese nach Konsonanten am Wort-oder Morphemauslaut. Diese lässt selbst die Wörter, die auf einem Plosiv oder Frikativ auslauten, hörbar eher auf einem Vokal, für Französisch [-ø], bei guter Deutsch-Kompetenz [ə], auslauten. Dies vermindert den „abrupteren“ Auslaut auf einem Konsonanten. Das repräsentierte Bild der Informanten eines „Sprachflusses“ könnte zudem durch das, vermutlich vielen Deutschen bekannte, französische Füllwort „ööh“ verstärkt werden. Hierzu fehlen zwar Evidenzen, dennoch könnte es ein zu untersuchender Ansatz sein. Auch der fließende Höreindruck ist vermutlich der Akkumulation der schon und eventuell auch noch nicht genannten linguistischen Erklärungsansätze geschuldet. Nicht ganz unbemerkt sollte bleiben, dass bei der Vorstellung des französischen Akzents bzw. bei Begründungen für die französische Akzent-Wahl auch „abgehackt“ genannt wurde. Dies ist vermutlich mit dem Versuch eines Franzosen „ so zu sprechen wie ein Deutscher“ zu erklären. Es könnte also z.B. der Versuch eines Glottalverschlusses sein, um die Wörter weniger „liiert“ und eher „abgehackt“ auszusprechen. Dies betrifft jedoch das Bild der deutschen Sprache aus französischer Sicht und wird daher hier nicht weiter ausgeführt.

Bezüglich des polnischen Akzents wurden bei freier und konkreter Beschreibung ausschließlich Nennungen der Kategorie „abgehackt“[81] genannt (vgl. Anhang L-2). In diese Kategorie fallen hier „stockend; jedes Wort wird einzeln ausgesprochen; abgestockt; klumpig; Abgrenzung/Trennung der Wörter“. Auch im polnischen Fall kann ein Rückbezug auf die vorangehenden Erklärungsansätze für die Zuschreibung „hart“ gemacht werden: Auslautverhärtung, Fortisierung, nicht-palatale Realisierungen, dem Penultimaakzent und dem Rhema-bestimmten Satzakzent (vgl. Abschnitt 5.2.4.1).

Sollte man auch hier eine Bemerkung zur Einordnung des spanischen und italienischen Akzents machen, so stellen sich die Informanten den spanischen Akzent in ihrer freien Vorstellung eher „abgehackt“ vor. Der italienische Akzent dagegen wurde in der freien und konkreten Beschreibung fortwährend als eher „fließend“ wahrgenommen (vgl. Anhang L-2).

Aufgrund zu weniger Evidenzen werden die Kategorien „melodisch/unmelodisch“ (vgl. Anhang L-3) und „betont/unbetont“ (vgl. Anhang L-4) hier nicht vertieft diskutiert. Nennenswert ist trotzdem, dass dem französischen Akzent bei der Hörprobenbeschreibung ein „melodiöser“ Charakter zugeschrieben wurde und auch sonst recht oft, drei Mal, die „Melodie“ erwähnt wurde. Französisch wurde nie für „unmelodisch“ gehalten. Versteht man unter dem Begriff „melodisch“ eine sich häufig ändernde F_0 und damit ein relativ großes Register, so könnte dies wiederum an die *pitch*-Analysen der I im Leitfadeninterview und der Sprecherinnen anknüpfen. Die Französin wies tatsächlich das größte Register auf (vgl. Abschnitt 5.2.3 und Anhang K).

---

[81] Hier muss angemerkt werden, dass es zudem die Möglichkeit besteht, dass ein stockender Lese-Charakter der nicht-deutschen Sprecherinnen gemeint ist, denn auch „stockend“ wurde häufig genannt. Da „abgehackt“ jedoch der am häufigsten genannte Begriff in den Beschreibungen war und man nicht wissen kann, ob der Lesestil beschrieben wurde, beziehe ich die Begriffe ausschließlich auf die beschriebene Sprache/Akzent.

Betrachtet man die diesbezüglichen Zuschreibungen für das Polnische, so wurde ihm nichts „Melodisches“ zugeschrieben. Eher im Gegenteil, zwei Informanten formulierten eine „unmelodische“ Vorstellung (vgl. Anhang L-3). Auch die Informantin des Interviews nannte dies bei der Vorstellung eines kleinen Registers für Polen und Russen (vgl. Anhang H-2, Z.13f.). Ferner wiesen zumindest die mehrheitlich für eine Polin gehaltene IT und die PL tatsächlich die beiden kleinsten Register auf (vgl. Anhang K). Eventuell könnte auch die Untersuchung der Anzahl an vokalischen Phonemen hier wertvolle Inhalte bieten, bezöge man „melodisch/unmelodisch“ auf das „Erklingen“ einer Sprache durch Vokale. Doch bleibt dies zu überprüfen. Italienisch wurde in der freien Vorstellung auffällig oft als „melodisch“ beschrieben. Über Spanisch können keine Aussagen getroffen werden.
In der Kategorie „betont/unbetont“ wurde dem französischen Akzent nichts Explizites, d.h. ausschließlich Nennungen wie „Art der Betonung“ oder „Betonung“, zugewiesen. Polnisch wurde zwei Mal frei als „unbetont“ beschrieben. Die schon „melodisch“ eventuell erklärenden F_0-Verläufe könnten auch diese Zuordnungen von „betont/unbetont“ begründen. Italienisch tendiert zu einem „betonten“ Charakter, was jedoch empirisch nur schwach belegbar ist. Über Spanisch kann anhand der vorliegenden Daten keine Aussage getroffen werden.

5.2.5 Zwischenresumé

Zusammenfassend ist zu Forschungsfrage 2 festzustellen, dass vorwiegend segmentale Merkmale bei der Akzentperzeption formuliert werden. Außerdem wurden vier große perzeptive Orientierungsdichotomien, „weich/hart“, „fließend/abgehackt“, „melodisch/unmelodisch“ und „betont/unbetont“ genutzt. Alle hier aufgezeigten Wahrnehmungen der Informanten können linguistisch untermauert werden. Ich habe einige linguistische Merkmale genannt, die explizit diese Kategorisierungen erklären könnten. Andere z.B. gegenteilige Empfindungen über die Sprachen und ihre Akzente sind jedoch selbstverständlich genauso möglich und wären wahrscheinlich auch linguistisch erklärbar. Ein kleiner Teil der Wahrheit sind die Wahrnehmungen meiner Informanten aber dennoch, denn es sind schließlich tatsächliche Nennungen.
Es ist gut möglich, dass die vier hier dargestellten Orientierungsdichotomien Konsequenzen der hohen Deutsch-Kompetenz der Sprecherinnen sind. Eine solche Auswirkung wurde im Forschungsziel im Rahmen der Einleitung auch bezweckt. Es muss allerdings erneut deutlich gemacht werden, dass die vier Dichotomie-Paare empirisch weniger genannt wurden als die besprochenen segmentalen Merkmale. Ferner sollte

angemerkt werden, dass alle Orientierungsdichotomien nah beieinander liegen. Mit anderen Worten sind die Wahrnehmungen „weich", „fließend", „melodisch" und „betont"[82] semantisch und perzeptiv miteinander verzahnt. Dies zeigen auch die sehr ähnlichen linguistischen Erklärungsmöglichkeiten dieser Zuweisungen (vgl. Abschnitte 5.2.4.1 und 5.2.4.2). Analog verhält es sich mit „hart", „abgehackt", „unmelodisch" und „unbetont".

Wie zu Beginn dieses Kapitels erwähnt, bleibt die Frage offen, welchen Einfluss sprachliche und kulturelle Übergeneralisierungen auf die freie und konkrete Beschreibung der Akzente/Sprachen haben. Ein gutes Beispiel dafür, dass es sie gibt und dass sie eher etisch denn emisch von den Informanten selbst aufgefasst werden, ist z.B. die Äußerung „[...] ist aber vielleicht nur Vorurteil, dass Spanisch und Italienisch betont lesen" (vgl. Anhang I-2). Auch die reflektierende Kritik der interviewten Informantin I zu ihrer kategorischen Einordnung von Französisch und Polnisch zu hoher und tiefer Sprechstimmlage ist hierfür ein weiteres Indiz: „eigentlich is es auch irgendwie Blödsinn, also weiß ich gar nich, ob man das wirklich darauf beziehen kann" (vgl. Anhang H-2, Z. 38ff.). In welchem Maße etische Einflüsse auf die Informanten einwirkten, ist jedoch nur schwer ermittelbar und wird hier nicht weiter vertieft.

5.3 Forschungsfrage 3: Französisch und Polnisch als Orientierungsakzente

Forschungsfrage 3 lautet: „Lässt sich die korrekte Identifikation der französischen und der polnischen Muttersprachlerin linguistisch erklären?" Zur Beantwortung dieser Frage werden relevante quantitative Ergebnisse dargestellt und anhand dieser, Erklärungsansätze entwickelt.

Beispielweise die Sprachkenntnisse der 31 Informanten liefern hierzu Ideen (vgl. Anhang G):

	Französisch	**Spanisch**	**Polnisch**	**Italienisch**
Informanten	25	16	4	2

Tabelle 9: Absolute Anzahl der Informanten mit jeweiligen Sprachkenntnissen

Französisch war die meisterlernte Fremdsprache der Informanten. Es ist also zu vermuten, dass die Sprachkenntnis hier hilfreich für die Akzentidentifikation war. Be-

[82] Obgleich Französisch hier nicht explizit von den Informanten beschrieben wurde.

trachtet man allerdings die 16 Informanten mit Spanisch-Kenntnissen und die lediglich zwölf korrekten bzw. wenigen 29 Spanisch-Zuweisungen insgesamt, spricht dies eine andere Sprache. Auch die dagegen sehr geringe Anzahl von Informanten mit Polnisch-Kenntnissen, im Gegensatz zu der relativ hohen Anzahl der korrekten 19 und der 51 Polnisch-Zuordnungen insgesamt, weist in eine andere Richtung. Der spanische und polnische Fall lassen vermuten, dass Sprachkenntnisse keinen zwingenden Rückschluss auf Akzentidentifikation zulassen. Die Frage der wahren Art dieses Verhältnisses kann hier jedoch nicht weiter vertieft werden. Fakt ist, dass zumindest vage Akzentkenntnisse oder auch nur vage Vorstellungen des Polnischen oder des polnischen Akzents in der Informantengruppe vorhanden gewesen sein müssen.
Auch die Auswertung der Angaben zur Akzentstärke (AS) durch die Probanden[83] zeigt Ähnliches:

	ES1	PL	ES2	F	IT
AS 1	-	24	16	12	-
AS 2	26	-	12	12	20

Tabelle 10: *Accent-rating*: perzipierte Akzentstärke der fünf Sprecherinnen

Aus Tabelle 10 wird ersichtlich, dass der Akzent der polnischen Muttersprachlerin als am insgesamt schwächsten empfunden wurde. Sie wurde jedoch trotzdem neben der Französin am häufigsten korrekt identifiziert. Ferner wies der polnische Akzent gemäß Tabelle 4 (vgl. Abschnitt 5.1) die meisten Nennungen unter allen vier akzentgebenden Sprachen in der Kategorie „keine explizite Merkmalsnennung“ auf. All diese Fakten zeigen, dass das Polnische trotz weniger Sprachkenntnisse in der Informantengruppe perzeptiv leichter Akzentstärke und den meisten inexpliziten Sprachwahl-Begründungen erkannt bzw. zugeordnet wurde. Andernfalls hätte es den Informanten wohl nicht als zweite Orientierungskategorie bei der Akzentzuweisung gedient. Dies lässt den Schluss zu, dass die Informanten eine genaue Vorstellung des Polnischen haben müssen bzw. sich der Akzent in ihrer Vorstellung perzeptiv von den anderen abzuheben scheint.
Es darf vermutet werden, dass Französisch unter den hier betrachteten Sprachen für einen deutschen Muttersprachler perzeptiv am weitesten von seiner Muttersprache

[83] AS1 bezeichnet die sprechende Kategorie „leichter Akzent“, AS2 „gut zu hörender Akzent“. Die Werte geben an, wie viele von 31 Informanten jeweils AS 1 oder 2 angegeben haben. Diese beiden Grade waren hier die am häufigsten gewählten, daher werden auch nur sie aufgeführt.

entfernt ist. So würde der französische Pol wegen größter Distinktivität zum Deutschen zustande kommen. Auf diese Beziehung wird jedoch nicht näher eingegangen. Auch bezüglich des Verhältnisses zwischen französischem und polnischem Pol könnte jene Suche nach maximaler Unterschiedlichkeit ein Ansatz sein. Diese Vermutung knüpft an das strukturalistische Konzept des sprachlichen Werts nach Ferdinand de Saussure ([1916] 1967: 143f.) an: Der Wert eines Zeichens wird durch seine Distinktivität gegenüber allen anderen Zeichen bestimmt. Für meine Untersuchung bedeutet dies, dass ein Akzent perzeptiv durch das bestimmt ist, was ihn wahrnehmbar von anderen unterscheidet. Diesbezüglich kann zunächst eine Erklärung in der Tatsache der beiden unterschiedlichen Sprachfamilien gefunden werden: Französisch als romanische Sprache und Polnisch als die in der Untersuchung einzige slawische Sprache. Es ist zu vermuten, dass im Falle einer anderen slawischen Sprache, z.B. Russisch, diese der Gegenpol zum Französischen gewesen wäre. Die Alleinstellung der Sprachfamilie war vermutlich der ausschlaggebendste Faktor für die Etablierung des Polnischen als zweites Extrem des Kontinuums. Eine spezifische Untersuchung, worin die perzeptiven globalen Unterschiede zwischen romanischen und slawischen Sprachen genau bestehen, kann hier nicht durchgeführt werden.

Betrachtet man die in Abschnitt 5.2.4 dargestellten vier Dichotomie-Paare, so wird die distinktive Entfernung zwischen Französisch und Polnisch perzeptiv schnell klar: Französisch wird zusammengefasst als „weich“, „fließend“ und „melodisch“ angesehen. Polnisch scheint dem entgegengesetzt als „hart“, „abgehackt“, „unmelodisch“ und „unbetont“ empfunden zu werden. Die Nennungen zu Spanisch oder Italienisch sind einerseits empirisch weniger vertreten und andererseits auch weniger eindeutig zuzuordnen. Jenes vage Wissen um diese beiden Sprachen erklärt, warum sie nicht als Orientierungsmaßstab dienten.

Auch die linguistischen Merkmale, mit denen die Zuordnung des Französischen und des Polnischen zu den entsprechenden dichotomischen Adjektiven erklärt wurden (vgl. Abschnitte 5.2.4.1 und 5.2.4.2), können die Opposition Französisch-Polnisch begreiflich machen. Begibt man sich außerdem auf die Ebene der meistgenannten „segmentalen“ Merkmale insgesamt, des „gerollten R“, „e als ö“, „ch=sch“ und „kein h“, so ist festzustellen, dass jedes in der einen Sprache vorkommt, in der anderen aber nicht. Mit anderen Worten weist das Französische und auch die Französin F[84] kein

[84] An dieser Stelle wird ein direkter perzeptiver Bezug zu den Sprecherinnen gewählt, da nur wenige und gut hörbare Merkmale betroffen sind.

„gerolltes R“ auf, PL schon[85]. PL ihrerseits spricht das geschriebene „e“ nicht als [ø], das [ç] nicht als [ʃ] aus und realisiert kein „stummes h“[86] (vgl. Abschnitte 3.3.2.1 und 3.3.3.1). Die meistgenannten Merkmale schließen sich also jeweils für die andere Sprecherin aus, auch wenn dieses Sprachwissen den Informanten wahrscheinlich nicht bewusst ist. Zu guter Letzt sollte auch die zwar singuläre Wahrnehmung über Sprechstimmlage und Register als mögliche Erklärung genannt werden. Auch hier zeigt sich durch Französisch als „hoch und bewegt“ und Polnisch als „tief und gleichförmig“ ein klarer Gegensatz.

Alle vorangehenden möglichen linguistischen Erklärungen in Betracht ziehend, konstituieren Französisch und Polnisch die voneinander am weitesten entfernten Gegensätze zwischen den untersuchten Sprachen. Die Extreme können also, Forschungsfrage 3 beantwortend, linguistisch erklärt werden.

5.4 Forschungsfrage 4: Verwechslung der ES2 und IT

Die vierte Forschungsfrage lautet: „Anhand welcher Aspekte werden die zweite Spanischsprecherin und die Italienerin beide relativ mehrheitlich für eine Polin gehalten?“[87] Diese Frage ist deshalb interessant, da die Informanten beide Sprecherinnen zum Teil falsch identifizierten, andererseits nur vier bis fünf Personen weniger sie jedoch korrekt zuordneten. Spannend ist hierbei zudem, dass zwei Sprecherinnen verschiedener Muttersprachen mit dem gleichen, in beiden Fällen unkorrekten, Akzent verwechselt wurden. Welche Faktoren könnten diese Tatsache erklären und sind es dieselben für beide Sprecherinnen? Für die Beleuchtung dieser Frage wird ausschließlich der interessantere Aspekt der Akzentverwechslung betrachtet und nicht die Tatsache der korrekt zugeordneten Muttersprachen. Auf die Realisierungen der Sprecherinnen wird auch hier nicht explizit eingegangen. Dies bedeutet zudem, dass

---

[85] Eine Verwechslungsgefahr würde hier z.B. bei der IT liegen, die auch ein alveolares [ɾ] realisiert.

[86] Allenfalls würde sie, bei geringerer Deutsch-Kompetenz, vermutlich ein [x] realisieren, in keinem Falle aber wahrscheinlich ein „stummes h“. Dasselbe gilt voraussichtlich auch für beispielsweise eine Spanierin.

[87] ES1 soll hier nicht näherer Gegenstand sein, da sie als Einzige so absolut verkannt wurde,[87] dass sie aus der interessanten Grauzone herausfällt. Die Tipps und Nennungen zur ES2 weisen zudem ein völlig anderes Muster auf, sodass die entscheidenden Zuordnungsmerkmale bei ES1 vermutlich idiolektal, also rein individuell, gewesen sind. ES1 sprach relativ leise, was einen „weichen“ Eindruck in der Stimme hinterließ. Warum sie die Merkmale aufwies, die laut Informanten „französisch“ klangen, ist nur schwer erklärbar. Sicherlich wäre es interessant, die genauen Ursachen für die Verkennung heraus zu finden, doch sollte dies Thema einer anderen Arbeit sein.

nicht untersucht wird, aus welchen theoretisch-linguistischen Gründen die Sprecherinnen besprochene Merkmale realisieren könnten oder nicht. Ausnahmen bilden hier die am einfachsten wahrnehmbaren Hauptmerkmale der alveolaren [r, ɾ]-Realisierung und der für Französisch meistgenannten salienten Merkmale. Auch die explizit untersuchten realisierten F_0-Werte werden wieder betrachtet. Zur Beantwortung dieser Forschungsfrage werden die auffälligsten Aspekte, die für Polnisch erwartet oder beschrieben wurden, mit den Nennungen zu Text 3 (vgl. Anhang M-1) bzw. 5 (vgl. Anhang M-2) verglichen.

5.4.1 Verwechslung der ES2 mit einer Polin

Die Sprecherin ES2 des Textes 3 wurde von 14 Informanten von 31 als Polin identifiziert. Nur zehn Informanten lagen mit der Zuweisung einer spanischen Muttersprache richtig.

Das „gerollte R" wurde in der freien Vorstellung zu Polnisch elf Mal genannt. Die ES2 allerdings realisierte das „r" wie ein deutsches, also [ʁ, R]. Dies bedeutet, dass es kein Merkmal sein kann, durch welches ES2 als Polin identifiziert wurde. Es wurde zudem nur ein Mal bei ihr genannt.

Der „harte" Aspekt des Polnischen wurde insgesamt vier Mal[88] bei ES2 genannt, „abgehackt" zwei Mal. Daher ist dies ein Erklärungsansatz. Die Orientierungswahrnehmungen „unbetont" und „unmelodisch" wurden jeweils ein Mal und kein Mal genannt und sind daher als Erklärungen unwahrscheinlich. Gilt, dass offene Vokale als eher „hart", „unmelodisch", „bremsend" usw. empfunden werden (vgl. Abschnitt 5.2.4.1), so ist auch dies ein möglicher Erklärungsansatz. Bei der ES2 wurden neun Mal offene Vokale genannt, acht Mal bezüglich des Wortes „umdrehte", also eine [ɛ]- an Stelle einer [eː]-Realisierung.[89] Fünf dieser Nennungen waren zudem explizit an eine Polnisch-Zuweisung gekoppelt. Der Fakt, dass die ES2 mittels *Skype* aufgenommen wurde, bewirkte, dass ihre Aufnahme die lauteste war. Daher könnte hier auch die Intensität eine „harte" Wirkung hinterlassen haben.

---

[88] „Scharf" eingeschlossen.

[89] Wobei diese Realisierung bei einer Spanierin nicht aus ihrem phonologischen Muttersprachsystem kommen dürfte, denn Spanisch weist in der theoretischen Phonologie nur das [e] auf. Wahrscheinlich entstand jene Aussprache eher durch eine starke Verkürzung der Vokaldauer als Produkt einer Unsicherheit bei der deutschen Vokalquantität.

Die Ableitung vom „Russischen“, „Slawischen“ oder „Östlichen“ war für die laienlinguistische freie Vorstellung des Polnischen auffallend. ES2 wurde ein Mal mit „russisch“ verbunden. Daher ist dies eine weitere mögliche Erklärung, wenn auch empirisch nur schwach belegbar.

Betrachten wir den Aspekt der Sprechstimmlage als einen unterbewussten Orientierungspunkt der Informanten und gehen soweit, zumindest nicht auszuschließen, dass meine Informanten eine tiefe Stimmlage mit Polnisch (oder „Russisch“, „Slawisch“ oder „Östlich“) verbinden, so ist dies kein Erklärungsansatz für die ES2. Die Informantin I des Leitfadeninterviews merkte eine eher hohe Sprechstimmlage bei ES2 auf dem Fragebogen an: „Klingt wieder ein bisschen russisch (obwohl recht hohe Tonlage)“ (vgl. Anhang M-1). Die Sprechstimmlage schien demnach nicht ausschlaggebend für die Wahl der I gewesen zu sein, denn sonst hätte zumindest sie eher eine französische Herkunftssprache zugeordnet. Auch physikalisch messbar weist die ES2 den zweithöchsten Mittelwert der Grundfrequenz und das zweitgrößte Register aller Sprecherinnen auf (vgl. Anhang K). Angenommen es würde stimmen, dass sich mehrere Informanten daran orientiert haben, so hätten im Grunde genommen noch mehr Informanten ES2 eine französische Muttersprache zuschreiben müssen. Sehr wahrscheinlich waren aber die zusätzlichen Wahrnehmungen anderer „polnischer“ Merkmale überwiegend und machten einen französischen Akzent unwahrscheinlich. Nur ein Informant identifizierte ES2 als Französin.

Warum die ES2 die besprochenen Merkmale aufwies, kann hier nicht geklärt werden. Vermutlich ist zumindest ein Teil idiolektal bedingt.

Bemerkenswert ist bei einem etwas globaleren Blick auf die Begründungen der Informanten, dass Spanisch, wie in Abschnitt 5.2.4.2 erwähnt, tendenziell als „abgehackt“ galt. Dies ist eine Gemeinsamkeit zwischen den Polnisch- und den Spanisch-Vorstellungen und könnte so eine Verwechslung bewirken. Eine weitere Erklärungsmöglichkeit ist das Vorgehen der Informanten nach dem Ausschlussverfahren. Es ist möglich, dass ES2 für viele Informanten weniger ihrer Spanisch-Vorstellung von z.B. „betont“ ähnelte, als ihrem Polnisch-Bild, welches eher als „unbetont“ galt. Hatten sie keine Vorstellung vom spanischen Akzent und hörten etwas, das zumindest nicht „französisch“ klang, so ist es, gemäß des Kontinuums, gut möglich, dass unsichere Informanten nach dem Ausschlussverfahren eher einen polnischen Akzent zuordneten. ES2 wies wahrnehmbar keine der für Französisch meistgenannten Merkmale auf. Sie realisierte kein [ø] oder [œ], produzierte ein [h] und tendierte nicht dazu, [ç] wie [ʃ] auszusprechen. Ihre Hörprobe wurde außerdem nie als „weich" oder „fließend", sondern als „nicht melodiös" und „nicht fließend" bezeichnet (vgl. Anhang M-1). Zusammenfassend ist es bei ES2 wahrscheinlich, dass vermutlich idiolektale Merkmale die ES2 eher der polnischen Wahrnehmung entsprechen ließen als dem französischen Bild. ES2 hatte laut Informanten keinen „fließenden", „weichen" Akzent, sondern eher einen „harten". Ferner könnten offene Vokale hier eine Rolle spielen. Das „gerollte R" für Polnisch ist bei ES2 keine Erklärung, da sie es nicht realisierte. Dies führt zu der Annahme, dass eventuell selbst solch ein sehr häufig genanntes segmentales Merkmal nicht alleine ausschlaggebend für die Akzentidentifikation ist. Dafür spricht auch, dass ES2 immerhin von 15 Informanten nicht als Polin und von zehn Informanten korrekt als Spanisch-Muttersprachlerin identifiziert wurde. Dies geschah, obschon das [r] auch für Spanisch als Merkmal relativ prominent war. Es scheint bei ES2 der „harte" Klang gewesen zu sein, d.h. eine suprasegmentale Wahrnehmung. Damit schließt dieses Ergebnis, so es denn ein Teil der Wahrheit ist, an die in Abschnitt 2.2 dargelegten Studien von Boula de Mareüil/Marotta/Adda-Decker (2004) und Vieru-Dimulescu/Boula de Mareüil (2005) an. Prosodische, bzw. in der vorliegenden Studie suprasegmentale Klangeindrücke haben einen größeren Einfluss auf konkrete Akzentidentifikation als Segmentalia. Dies bleibt jedoch eine tiefgehender zu prüfende Annahme.

5.4.2 Verwechslung der IT mit einer Polin

Die Sprecherin IT wurde von 15 von 31 Gewährspersonen mit einer Polin verwechselt.

Die Angabe „gerolltes R" wurde bei IT elf Mal bei Polnisch-Zuweisungen und weitere acht Mal für andere Muttersprachzuordnungen genannt. Daher scheint dies eine sehr wahrscheinliche Verbindung der IT zur Vorstellung des Polnischen zu sein.

Für „hart" befunden wurde IT nur von zwei Informanten, aus der Kategorie „abgehackt" wurde ihr lediglich eine Nennung zugewiesen. „Unbetont" oder „unmelodisch" wurden nicht genannt. Damit sind diese Orientierungswahrnehmungen mögliche Erklärungsansätze, jedoch sind sie empirisch schwach vertreten. Der Aspekt der „offenen Vokale" ist hier auch unwahrscheinlich, zumindest wurde nur ein Mal ein „offenes o" bei IT genannt.

Ableitungen von „Russisch", „Slawisch", „Östlich" oder „Polnisch" wurden bei IT am häufigsten genannt. Ihr wurden diese Attribute fünf Mal zugeschrieben, im Ge-

gensatz zur „wahren“ Polin, die richtig erkannt wurde. Bei der PL wurde jedoch keine einzige dieser Ableitungen genannt. Ungeachtet mir fehlender Erklärungen dieser Ableitungen, ist die Assoziation der Leseprobe der IT mit „Russisch“, „Slawisch“, „Östlich“ oder „Polnisch“ ein sehr auffälliger Brückenschlag zum Polnisch-Bild.
Wird hier noch einmal trotz aller Vagheit das Bild einer tiefen Sprechstimmlage und eines kleinen Registers für Polinnen in Betracht gezogen, so weist die IT in der Tat die tiefste Sprechstimmlage und das kleinste Register aller untersuchten Sprecherinnen auf (vgl. Anhang K). Falls es nicht das Bild der tief sprechenden Polen ist, was hier wirkte, so könnten auch die auffällig vielen Ableitungen vom „Slawischen“, „Östlichen“ oder „Russischen“ zu einer Vorstellung von tiefer Stimmlage führen. Wenn dieses unbewusste Bild der tiefen, wenig variierenden Stimme generell slawischer Muttersprachlerinnen also empirisch belastbar und repräsentativ wäre, könnte es hier eine sehr wahrscheinliche Erklärung bieten. Der alleinige Fakt einer tiefen und/oder wenig variierenden Sprechstimmlage ist wahrscheinlich in keinem Falle ausschlaggebend für eine Akzentidentifikation.
Auch bei IT sollten vorerst keine Schlüsse auf Parallelen des Italienischen zum Polnischen oder ihrer Sprecher im Deutschen gezogen werden. Wie schon bei ES2 ist es hier sehr wahrscheinlich, dass idiolektale Aspekte eine Rolle spielten.
Betrachtet man auch dieses Ergebnis etwas globaler, so ist keine offensichtliche Nähe zwischen freien und konkret beschreibenden Italienisch- und Polnisch-Nennungen festzustellen. Die Möglichkeit, dass IT für Polnisch zuweisende Informanten zu wenig nach einer Italienerin klang, besteht. Gerade in den Orientierungswahrnehmungen unterscheiden sich Polnisch und Italienisch auffällig. Der italienische Akzent wurde als „melodisch“, mit „viel Betonung von Höhen und Tiefen“ beschrieben (vgl. Anhang L-3). Charakterlich freie Beschreibungen waren „leidenschaftlich“ und zwei Mal „temperamentvoll“ (vgl. Anhang I-4). Der IT wurde jedoch zwei Mal eine „ruhige, sanfte Stimme“ zugeschrieben (vgl. Anhang M-2). Erinnern wir uns zudem an die F_0-Werte der IT, so wies gerade sie die geringste intonatorische Bewegung auf. Auch wurde der italienische Akzent als eher „betont“ angesehen, Polnisch wurde „unbetont“ zugeschrieben und kein Mal „betont“ (vgl. Anhang L-4). Da ja die Betonung physikalisch auch mit der Änderung der F_0 verknüpft ist, lässt sich vermutlich an Hand der relativ kleinen intonatorischen Bewegungen der IT auf eine wenig intensive Betonung schließen. Wäre dem so und betrachtet man die anderen gerade aufgeführten Diskrepanzen zwischen Polnisch und Italienisch, so könnten dies mögliche Erklärungen sein. IT entsprach in diesen prosodischen Punkten zu wenig dem Italienisch-

und mehr dem Polnisch-Bild. Außerdem wurde sie von keinem Informanten für eine Französin gehalten, was auf dem Kontinuum wiederum eine Tendenz zum polnischen Pol bedeutet. Bemerkenswert ist hier jedoch, dass IT - dem französischen Erwartungsbild entsprechend - deutlich hörbar ein „stummes h" im Wort „höflich" realisierte[90] und zwei Mal mit dem Adjektiv „weich" beschrieben wurde (vgl. Anhang M-2). Jedoch wies sie keinerlei [ø] oder [œ] auf und tendierte nicht dazu, [ç] wie [ʃ] auszusprechen. Dies würde, bei Akkumulation mit anderen polnischen Attributen, für unsichere Informanten wiederum eine Bewegung auf dem Kontinuum in Richtung des polnischen Pols bedeuten. Dass es viele eher Italienisch-unerfahrene Informanten gab, lässt sich aus den sehr gering vertretenen Italienisch-Sprachkenntnissen, den wenigen freien Vorstellungen und den geringen Nennungen zum Italienischen insgesamt schließen.

Betrachtet man die Überlegungen zu IT resümierend, so ist es schwierig, hier einen konkreten Erklärungsansatz zu elizitieren. Die segmentale alveolare [ɾ]-Realisierung zumindest scheint ein relativ sicherer Indikator zu sein. Trotz mangelnder Evidenzen würde gerade die Vermutung eines slawischen Bildes mit tiefer Sprechstimmlage und/oder kleinem Register eine Einordnung der IT zum polnischen Akzent unterstützen. Dies ist die deutlichste Übereinstimmung zwischen IT und dem eventuellen Polnisch-/Slawisch-/Russisch-Bild. Ohne weitere empirische oder theoretische Belege dieser These jedoch kann dieses Argument nur tentativ gebraucht werden. Tut man dies, so könnten hier ein segmentales und ein suprasegmentales Element die größte Rolle für die fehlerhafte Identifikation spielen. Eine Vermutung wie bei ES2, ob nun das segmentale oder das suprasegmentale Merkmal ausschlaggebender für die Identifikation ist, kann hier leider nicht geäußert werden.

Die Frage, was die beiden Muttersprachlerinnen zweier verschiedener Muttersprachen vereint, sodass sie beide derselben falschen Herkunftssprache zugeordnet werden, ist schwierig zu beantworten. Es scheint, als ob es verschiedene Aspekte seien, welche die Informanten zu einer Polnisch-Zuweisung gebracht haben. Es ist möglich, dass ES2 auf Grund der „harten", „abgehackten" Wahrnehmung und offener Vokalrealisierung und IT wegen ihres alveolaren [ɾ] und, hypothetisch, ihrer tiefen Sprechstimmlage und/oder ihres kleinen Registers von den betrachteten 14 bzw. 15 Infor-

[90] Dies zeigt ein weiteres Mal, dass eine Kategorisierung nicht durch ein einzelnes Merkmal getätigt wird, sondern erst die Akkumulation verschiedener Merkmale zu einer Einordnung führt.

manten für Polinnen gehalten wurden. Das, was die beiden Sprecherinnen und ihre Nennungen in jedem Fall eint, ist, dass beide von nur einem bzw. keinem Informanten für Französinnen gehalten wurden. So fand wahrscheinlich bei beiden Hörproben eine Bewegung auf dem Kontinuum zum polnischen Extrem statt. Die Forschungsfrage 4 muss vermutlich resümierend mit beiden Möglichkeiten beantwortet werden: Beide Sprecherinnen weisen explizit polnische Vorstellungen der Informanten auf und werden in fast keinem Fall für Französinnen gehalten.

6 Kritische Reflexion

Diese vorliegende Untersuchung kritisch betrachtend, werden hier noch einmal vier wichtige Kritikpunkte zusammenfassend reflektiert. Weitere Kritikpunkte wurden in den betreffenden Abschnitten innerhalb der Arbeit genannt.

Erstens muss noch einmal kritisch angemerkt werden, dass sehr wenig Hörproben aufgenommen wurden, was die Reliabilität der Ergebnisse stark beeinflusst. Die Resultate wären möglicherweise andere gewesen, hätte ich mehr Sprecherinnen aller akzentgebenden Sprachen aufgenommen und getestet. Durch die geringe Anzahl an Hörproben kann nicht ausgeschlossen werden, dass viele der auffälligen Wahrnehmungen der Informanten zum Teil auf idiolektalen Merkmalen der Sprecherinnen basieren. Die stringente Trennung der theoretischen Einzelsprachphonologien, die sich zudem nur auf die jeweilige Standardaussprache bezog, der Merkmale der tatsächlichen Sprecherinnen und ihrer idiolektalen Merkmale konnte hier nicht immer beachtet werden. Gerade bei dem Erklärungsversuch der Verwechslung von IT und ES2 mit Polinnen sind es wahrscheinlich viel mehr die idiolektalen Merkmale als die generellen phonologischen Ähnlichkeiten zwischen den akzentgebenden Sprachen, welche die Verwechslungen erklären können. Daher wurden die tatsächlichen Nennungen der Informanten als Basis allen Erkenntnisgewinns festgelegt. Dieses Vorgehen war auch hilfreich in Fällen, in denen die Nennungen der Informanten nicht eindeutig nachvollziehbar waren. Durch den Abgleich der Aussagen mit den einzelsprachlichen Phonologien entstand also trotz weniger Hörproben und Sprecherinnen ein kohärentes und nachvollziehbares Bild der Informanten von den Akzenten. Weiterhin konnten belegbare Züge ihrer Herangehensweise herausgearbeitet werden. Idiolektale Einflüsse wurden auf diese Weise zu großen Teilen für die Beantwortung der Forschungsfragen irrelevant.

Zum Aspekt der geringen Anzahl repräsentativer Sprecherinnen kommt zweitens die Tatsache hinzu, dass die Informanten nur sehr wenig Zeit für das Ausfüllen der Fragen 6 und 7 hatten. Ferner konnten sie sich die Aufnahmen nur zwei Mal anhören. Dadurch wurden oft gar keine Beschreibungen der Akzente gegeben. Gab es Antworten, so wurden diese recht spontan geleistet, wodurch die Wahrscheinlichkeit, dass viele medial oder gesellschaftlich bekannte Übergeneralisierungen über die Sprachen/Akzente abgerufen wurden, anstieg. Diese stereotypischen Repräsentationen können entweder direkt niedergeschrieben worden sein oder zusätzlich die Perzeption der Informanten beeinflusst haben. Dies ist allerdings allgemein unvermeidbar (vgl. Abschnitt 3.5). Jedoch hätte eine längere Reflexionszeit und beliebig häufiges Anhören der Aufnahmen wahrscheinlich erstens noch mehr korrekte Sprachzuweisungen, zweitens die Anzahl ausgebliebener Nennungen verringern und drittens eine größere Genauigkeit der Begründungen bewirken können. Der erste Punkt ist jedoch weniger entscheidend, da die erhaltenen Ergebnisse nichtsdestominder sehr aufschlussreich waren. Der zweite und dritte Aspekt jedoch wären wünschenswert gewesen und sollten bei zukünftigen Projekten beachtet werden. Trotz allem gab es genügend auswertbare Nennungen, sodass auch hier das Forschungsziel erfüllt wurde.

Drittens stellte das unterschiedliche Vorgehen der Informanten beim Ausfüllen des Fragebogens ein Problem dar. Oft war nicht eindeutig, ob die akzentgebende Sprache selbst oder tatsächlich der Akzent der jeweiligen Sprache im Deutschen von den Informanten beschrieben wurde. Hier liegt ein klarer Unterschied vor, dem die Auswertung der Studie nicht gerecht werden konnte. Trotz dieser fehlenden Distinktion ist dieser Studie in Anbetracht des fruchtbaren Erkenntnisgewinns, jedoch kein Mangel anzulasten.

Als vierter und letzter Punkt ist wichtig darauf hinzuweisen, dass diese Studie von mir, einer zu größten Teilen deutschen, zu etwas kleineren Teilen französischen Muttersprachlerin ausgewertet wurde. Eine muttersprachliche Beeinflussung auf meine Perzeption der Aufnahmen, Kategorisierung der Nennungen und vermutlich auch auf die Prioritätenlegung der Erklärungsansätze ist daher wahrscheinlich. Selbstverständlich achtete ich sorgsam darauf, Subjektivität so gering wie möglich zu halten. Der Faktor der deutschen Muttersprache kann ebenso positiv bewertet werden, da ich dieselbe Muttersprache habe wie die Informanten und daher die Eindrücke eventuell besser nachvollziehen kann.

Zusammenfassend sind die Kritikpunkte, wie sie im Laufe der Arbeit und in diesem Reflexionsteil erläutert wurden, gerechtfertigt. Dessen ungeachtet wird das Forschungsziel erreicht.

7 Fazit und Ausblick

Die vorliegende Untersuchung beschäftigte sich mit der perzeptiven Akzentidentifikation und -kategorisierung linguistischer Laien. Es wurden Ansätze zur Systematik laienlinguistischer Akzentperzeption und mögliche linguistische Erklärungen für jene Perzeptionskategorien elizitiert. Auf Grund der offenen Fragestellungen und der Neuheit des Forschungsthemas sind im Laufe der Forschungsarbeit sehr viele vor allem tentative und weiter zu prüfende Erkenntnisse aufgestellt worden. Nur die Wichtigsten werden im Folgenden aufgeführt.

Bezüglich der ersten Forschungsfrage zu den quantitativen Ergebnissen ist festzustellen, dass F und PL am häufigsten korrekt identifiziert wurden. ES1 wurde am wenigsten korrekt erkannt und von einer großen Mehrheit der Informanten für eine Französin gehalten. ES2 und IT wurden mehrheitlich als Polinnen identifiziert und zu einem etwas geringeren Anteil korrekt zugeordnet. Diese und weitere quantitative Nebenergebnisse deuten auf ein Akzentwahl-Kontinuum mit Französisch und Polnisch als Orientierungsextremen hin. Vor dem Hintergrund, dass die aufgenommenen Akzente sehr leicht waren, scheint die Suche nach maximaler Unterschiedlichkeit Basis der Wahrnehmung, Identifikation und Beschreibung zu sein. Dies zeigen u.a. die Extreme des Kontinuums und die dichotomischen Orientierungswahrnehmungen, welche bei der zweiten Forschungsfrage zu den laienlinguistischen perzeptiven Parametern herausgearbeitet wurden. Durch die zweite Forschungsfrage wurden die Orientierungsdichotomien „weich/hart", „fließend/abgehackt", „melodisch/unmelodisch" und „betont/unbetont" aufgespürt. Diese scheinen der hohen Deutsch-Kompetenz der Sprecherinnen geschuldete, gröbere Perzeptionsmuster widerzuspiegeln. Gekoppelt an die meistgenannten Segmentalia ergeben sich resümierend folgende Sprachbilder: Französisch charakterisiert sich durch das stumme [h], die [ʃ]-Realisierung des [ç], die [ø]-Realisierung des „e" und die Sinneseindrücke „weich", „fließend", „melodisch". Das Bild des Polnischen setzt sich aus dem alveolaren [r, ɾ], den Sinneseindrücken „hart", „abgehackt", „unbetont" und seiner Etablierung als Gegenpol zum Französischen zusammen. Die Äußerungen der interviewten Informantin und die physikalische Analyse der F_0 der Interview-Informantin und aller Sprecherinnen werfen hierzu weitere Aspekte auf: Französisch wird eventuell mit einer hohen Sprechstimmlage und einem großen Register verbunden. Die F_0-Werte von F bestätigen dies. „Polnisch", „Slawisch", „Östlich" oder „Russisch" könnten, so denn mehr Informanten als nur die interviewte I diese Vorstellung unbewusst hätten und/oder unformuliert ließen, das Gegenstück zu Französisch darstellen: gesprochen mit „tiefer“ Sprechstimmlage und kleinerem Register. Die F_0-Werte der PL und der als Polin identifizierten IT entsprechen dieser Laien-Ansicht. Die Grundfrequenzverläufe der ES1 und ES2 widersprechen ihr. In jedem Fall ist eine nähere Untersuchung der Aspekte Sprechstimmlage und Register notwendig. Es muss untersucht werden, wie wichtig diese beiden Aspekte für linguistische Laien sind, wie stark sie wirklich wahrgenommen werden, ob bewusst oder unbewusst und welche Vorstellungen hier jeweils mit welcher Sprache verbunden werden. Die Bilder der spanischen und italienischen Wahrnehmung sind unsicherer und weniger eindeutig. Insgesamt wurden stets Erklärungsansätze für die Wahrnehmungen der Informanten auf linguistischer Ebene gefunden. Überdies ist festzuhalten, dass die Informanten bei relativ freier Akzentidentifikation segmentale Einheiten am häufigsten genannt haben. Dies könnte einschließen, dass diese auch die salientesten Merkmale sind, was jedoch zu untersuchen bleibt. Sicher ist, dass es die meistgenannten und damit eventuell auch am leichtesten verbalisierbaren oder kognitiv zugänglicheren Merkmale sind. Für die konkrete Einordnung eines leichten Akzents scheinen prosodische Elemente[91] ausschlaggebender zu sein. Zumindest im Falle der ES2 scheint der suprasegmentale Aspekt des „harten Klangs“ zu überwiegen, da sie trotz fehlender alveolarer [r, ɾ]-Realisierung mehrheitlich als Polin identifiziert wurde. Damit entspricht dieses Ergebnis dem Großteil der in Abschnitt 2.2 dargestellten Studien. Bei Forschungsfrage 3 konnten linguistisch logische Erklärungsansätze der beiden Kontinuumspole Französisch und Polnisch aufgespürt werden. Das Ausschlussverfahren auf Basis der höchsten Distinktivität schien häufig Anlass zur Wahl der jeweils anderen Sprache zu sein. Bezüglich der vierten und letzten Forschungsfrage nach einer Erklärung, warum IT und ES2 beide relativ mehrheitlich einem polnischen Akzent zugeordnet wurden, ist zu vermuten, dass es unterschiedliche Gründe waren. Bei der ES2 könnte es die mit dem polnischen Eindruck übereinstimmende Wahrnehmung eines „harten“, „abgehackten“ und leicht „unbetonten“ Akzents gewesen sein. Bei der IT ist das übereinstimmendste Merkmal zum Polnisch-Bild der Informanten wohl das alveolare [ɾ] gewesen. Auch ihre tiefe Sprechstimmlage und das geringe Register sind auffallende Parallelen zur

91 Auch wenn die linguistischen Begriffe der Prosodie und der Suprasegmentalia nicht genau dem entsprechen, was ich hier als suprasegmental bei den Orientierungsdichotomien definiert habe, so ist in jedem Fall ihr Geltungsbereich weitreichender als der der Segmentalia. Daher können die Ergebnisse miteinander verglichen werden.

Vorstellung des „Polnischen"/„Slawischen"/„Östlichen" oder „Russischen" - zumindest laut interviewter I. Die Gemeinsamkeit, die beide Sprecherinnen eint, ist der Ausschluss eines französischen Akzents und somit eine Tendenz, sie als Polinnen zu identifizieren.

Durch Beantwortung der Forschungsfragen wurde das Forschungsziel erreicht: die Untersuchung der Perzeptionssystematik einer Gruppe linguistischer Laien. Es sind tentative Ansätze zur linguistisch-systematischen Erklärung ihrer Wahrnehmungen generiert worden. Vorläufige Sprachbilder wurden entworfen, Ideen zum kognitiven Selektionsmuster bei Sprach-/Akzentperzeption auf Basis von Akzentidentifikation elizitiert. Resümierend muss noch einmal daraufhin gewiesen werden, dass viele der Vermutungen auf empirisch vagen bzw. nur sehr gering belegbaren Ergebnissen basieren. Ferner wurden insgesamt noch viele weitere Merkmale von den Informanten genannt, die hier nicht betrachtet werden konnten, auch wenn ihnen eventuell auch eine Rolle in der Akzentidentifikation zukommt. Dies sind mögliche Projekte für die Zukunft.

Ein Ausblick auf weitere Forschungen erweist sich auf Grund der noch sehr rar gesäten Forschung auf dem Gebiet der perzeptiven Akzentforschung als äußerst divers. Generell sollte die perzeptive Wirkung der hier diskutierten linguistischen Merkmale genauer untersucht werden. Auch das Ausmaß des etischen Einflusses gegenüber dem emischen ist näher zu untersuchen. Zudem ist die Frage, warum deutlich mehr segmentale als suprasegmentale Elemente genannt werden, interessant tiefgehender zu untersuchen. Speziell für die vorliegende Studie wäre es sinnvoll, weitere Einzelinterviews zu führen, um der Systematik der laienlinguistischen Akzentidentifikation qualitativ ausführlicher auf den Grund zu gehen. Dies wäre gerade bei den Informanten, welche IT oder ES2 für eine Polin hielten, spannend. Nahe liegt auch, die Studie mit wesentlich mehr Sprecherinnen der akzentgebenden Sprachen durchzuführen. So würde der Einfluss idiolektaler Merkmale minimiert. Ein den Schwierigkeitsgrad der Akzentidentifikation erhöhender weiterer Faktor könnte die Aufnahme einzelner Sätze oder gar Wörter sein. So wären die schon schwachen Akzentmerkmale zudem noch geringer an der Zahl. Hier könnte untersucht werden, zu welchem Akzentbild saliente Merkmale ohne Akkumulation mit anderen Merkmalen zugeordnet würden. Dieser Studie etwas übergeordneter, sollten ähnliche Projekte mit verschiedenen anderen Muttersprachlern als Informanten (wie z.B. Vieru-Dimulescu/Boula de Mareüil (2006)) angedacht werden. Damit würde eine Klassifikation von Akzentbildern und Systematiken der Akzenteinordnung verschiedener Muttersprachler ermöglicht. Haben nicht-deutsche Muttersprachler ähnliche Orientierungssysteme wie „weich/hart" oder „fließend/abgehackt" oder gänzlich andere? Gerade der Vergleich mit weiter entfernten Sprachfamilien ist hier sicherlich interessant. Der Frage, ob es eher suprasegmentale oder segmentale Faktoren sind, welche die konkrete Identifikation eines Akzents lenken, sollte in jedem Fall genauer nachgegangen werden. Sie könnte weiteren Aufschluss über die menschliche Sprachverarbeitung und Kognition geben. Auch andere Methoden könnten sehr aufschlussreich sein. Die in der vorliegenden Studie schon flüchtig angewandte Akzentimitation beispielsweise zeigte interessante und weitere Fragen aufwerfende Ergebnisse. Zudem könnte die von Spiekermann (2010) durchgeführte Visualisierung von Dialekten sicherlich auch bei Akzenten erkenntnisreich eingesetzt werden. Was nicht in Worte gefasst werden kann, wird nachgemacht oder visualisiert. Gerade zur Annäherung an unbewusstes Sprachwissen scheint diese eine vielversprechende Vorgehensweise. So würde man in andere Bereiche der Kognition eintauchen und weitere Erkenntnisse über Akzentperzeption und Akzentbilder elizitieren können.

Allen genannten Vorschlägen wohnt die stets aktuelle Problematik der Bewusstmachung unbewussten Sprachwissens inne, auf die ich im Laufe der Untersuchung einige Male stieß. Bezogen auf die vorliegende Studie wäre, wie erwähnt, mehr Reflexionszeit beim Ausfüllen des Fragebogens hilfreich gewesen.

Die vorliegende Studie zeigt den wertvollen Erkenntnisgewinn einer möglichen Erweiterung des perzeptiven Ansatzes u.a. der *perceptual dialectology* exemplarisch auf. Dieser jungen Forschungsidee muss weiter nach gegangen werden, um die perzeptive Ausrichtung sowie auch die Linguistik selbst zu bereichern.

Literaturverzeichnis

Anders, Christina Ada/Hundt, Markus/Lasch, Alexander (Hrsgg.) (2010): „Gegenstand und Ergebnisse der Wahrnehmungsdialektologie (Perceptual Dialectology)“. In: Christina Ada Anders/Markus Hundt/Alexander Lasch (Hrsgg.): *Perceptual Dialectology: Neue Wege der Dialektologie*. Berlin/New York: de Gruyter, XI-XXI.

Antos, Gerd (1996): *Laien-Linguistik. Studien zu Sprach- und Kommunikationsproblemen im Alltag. Am Beispiel von Sprachratgebern und Kommunikationstrainings*. Tübingen: Niemeyer.

Asher, James J./García, Ramiro (1969): „The Optimal Age to Learn a Foreign Language”. In: *The Modern Language Journal* 53/5, 334-341.

Bartnicka, Barbara u.a. (2004): *Grammatik des Polnischen*. München: Sagner. (= *Slavolinguistica*. 5).

Boula de Mareüil, Philippe/Marotta, Giovanna/Adda-Decker, Martine (2004): „Contribution of Prosody to the Perception of Spanish/Italian accents”. In: *Speech Prosody 2004*. Nara: ISCA, 681-684.

Brahimi, Belynda/Boula de Mareüil, Philippe/Gendrot, Cedric (2004): „Role of segmental and suprasegmental cues in the perception of maghrebian-accented French". In: *INTERSPEECH-2004*, 341-344.

Brekle, Herbert E. (1985): „ ‚Volkslinguistik‘: Ein Gegenstand der Sprachwissenschaft bzw. ihrer Historiographie?“ In: Franz Januschek (Hrsg.): *Politische Sprachwissenschaft: Zur Analyse von Sprache als kulturelle Praxis*. Opladen: Westdeutscher Verlag, 145-156.

Bußmann, Hadumod (Hrsg.) (2008): *Lexikon der Sprachwissenschaft*. Stuttgart: Kröner.

Canepàri, Luciano (2005): *A handbook of Pronunciation. English, Italian, French, German, Spanish, Portuguese, Russian, Arabic, Hindi, Chinese, Japanese, Esperanto*. München: LINCOM Europa.

Clark, John/Yallop, Colin (1990): *An introduction to phonetics and phonology*. Oxford: Basil Blackwell.

Crystal, David (1991): *A dictionary of linguistics and phonetics*. Oxford: Blackwell.

Delumeau, Fabrice (2006): *Une description linguistique du Creole Guadeloupeen dans la perspective de la generation automatique d'enonces*. PhD Arbeit. Paris: Université Nanterre.

Echternach, Matthias (2011): „Was sind Stimmregister?“. In: *Sprache. Stimme. Gehör. Zeitschrift für Kommunikationsstörungen* 35, 87-88.

Féry, Caroline (2004): *Phonologie des Deutschen. Eine optimalitätstheoretische Einführung. Teil 1.* 3., überarbeitete Auflage. Potsdam: Universitätsverlag Potsdam. (= *Linguistics in Potsdam.* 7).

Fougeron, Cécile/Delais-Roussarie, Elisabeth (2004): „Liaisons et enchaînements: Fais_en à Fez_en parlant”. In: *Actes des Journées d'Etudes sur la Parole 2004*, 221-224.

Gauger, Martin (1976): *Sprachbewusstsein und Sprachwissenschaft*. München: Piper.

García, Marie-Neige u.a. (2006): „A joint prosody evaluation of French text-to-speech synthesis systems: the EvaSy Prosody campaign”. In: *Proceedings of the 5th Int. Conf. on Language Resources and Evaluation,* 2034-2037.

Glück, Helmut (1993): *Metzler-Lexikon Sprache*. Stuttgart/Weimar: Metzler.

Hancil, Sylvie (Hrsg.) (2009): *The Role of Prosody in affective Speech*. Bern: Peter Lang. (= *Linguistic Insights. Studies in Language and Communication*. 97).

Hall, Alan T. (2000): *Phonologie. Eine Einführung*. Berlin/New York: de Gruyter.

Hinrichs, Uwe (2010): *Handbuch der Eurolinguistik*. Wiesbaden: Harrassowitz.

Hoenigswald, Henry M. (1966): „A proposal for the study of folk-linguistics“. In: William Bright (Hrsg.): *Sociolinguistics*. Den Haag: Mouton, 16-26.

Hove, Ingrid (2002): *Die Aussprache der Standardsprache in der deutschen Schweiz*. Tübingen: Niemeyer.

Iverson, Paul/Kuhl, Patricia K. (1995): „Mapping the perceptual magnet effect for speech using signal detection theory and multidimensional scaling”. In: *Journal of the Acoustical Society of America* 97, 553-562.

Jakobson, Roman/Fant, Gunnar/Halle, Morris (1952): *Preliminaries to speech analysis: The distinctive features and their correlates*. Cambridge: Massachusetts Institute of Technology.

Jesney, Karen (2004): *The use of global foreign accent rating in studies of L2 acquisition.* Calgary: University of Calgary Language Research Centre Reports.

Jun, Sun-Ah (2005): „Prosodic Typology”. In: Sun-Ah Jun (Hrsg.): *Prosodic Typology: The Phonology on Intonation and Phrasing.* Oxford: Oxford University Press, 430-458.

Jun, Sun-Ah/Fougeron, Cécile (2000): „A Phonological Model of French Intonation". In: Antonis Botinis (Hrsg.): *Intonation: Analysis, Modeling and Technology.* Dordrecht: Kluwer, 209-242.

Klein, Wolfgang (1992): *Zweitsprachenerwerb: Eine Einführung*. 3. Auflage. Frankfurt a.M.: Athenäum.

Krefeld, Thomas/Pustka, Elissa (2010): „Einleitung: Für eine perzeptive Varietätenlinguistik". In: Thomas Krefeld/Elissa Pustka (Hrsgg.): *Perzeptive Varietätenlinguistik*. Frankfurt a. M., usw.: Lang, 9-28.

Kretzschmar, William A. (1999): „Preface". In: Dennis R. Preston (Hrsg.): *Handbook of perceptual dialectology*, Volume 1. Amsterdam/Philadelphia: Benjamins, XVII-XVIII.

Lamnek, Siegfried (2005): *Qualitative Sozialforschung*. Weinheim: Beltz.

Lenneberg, Eric H. (1967): *Biological Foundations of Language.* Oxford: Wiley.

Lenz, Alexandra N. (2010): „Zum Salienzbegriff und zum Nachweis salienter Merkmale". In: Christina Ada Anders/Markus Hundt/Alexander Lasch (Hrsgg.): *Perceptual Dialectology: Neue Wege der Dialektologie.* Berlin/New York: de Gruyter, 89-110.

Liberman, Alvin M. u.a. (1963): „Perception of the speech code". In: *Psychological Review* 74, 41-461.

Long, Daniel/Preston, Dennis R. (Hrsgg.) (2002): *Handbook of Perceptual Dialectology*. Band 2. Amsterdam: Benjamins.

Major, Roy C. (2001): *Foreign Accent. The Ontogeny and Phylogeny of Second Language Phonology*. Mahwah/London: Erlbaum.

McAllister, Robert (1998): „Second Language Perception and the Concept of foreign accent". In: *STiLL1998*, 155-158.

Meyers enzyklopädisches Lexikon (1980): *Das große Wörterbuch der deutschen Sprache G–N*, Band 31. Mannheim/Wien/Zürich: Bibliographisches Institut.

Pétursson, Magnús/Neppert, Joachim M. H. (2002): *Elementarbuch der Phonetik*. 3., durchgesehene und bearbeitete Auflage. Hamburg: Buske.

Pike, Kenneth Lee ([1954] 1967): *Language in Relation to a Unified Theory of the Structure of Human Behaviour.* 2., überarbeitete Auflage. Den Haag/Paris: Mouton.

Piske, Thorsten/MacKay, Ian R.A./Flege, James E. (2001): „Factors Effecting Degree of Foreign Accent in an L2: A Review". In: *Journal of Phonetics* 29, 191-215.

Pompino-Marschall, Bernd (2003): *Einführung in die Phonetik.* 2., durchgesehene und erweiterte Auflage. Berlin/New York: de Gruyter.

Preston, Dennis R. (1982): „Perceptual Dialectology: Mental maps of United States dialects from Hawaiian perspective". In: *Working papers in Linguistics* 14/2, 5-49.

- 1993a: „Folk dialectology". In: Dennis R. Preston (Hrsg.): *American Dialect Research.* Amsterdam/Philadelphia: Benjamins, 333-377.

- 1993b: „The uses of folk linguistics". In: *International Journal of Applied Linguistics* 3, 181-259.

- 1999: *Handbook of perceptual dialectology.* Volume 1. Amsterdam/Philadelphia: Benjamins.

Preston, Dennis R./Niedzielski, Nancy A. (2000): *Folk Linguistics.* Berlin/New York: de Gruyter.

Saint-Exupéry, Antoine de (2005): *Der kleine Prinz.* 15. Auflage. Düsseldorf: Karl Rauch.

Saussure, Ferdinand de ([1916] 1967): *Grundfragen der allgemeinen Sprachwissenschaft.* Berlin/New York: de Gruyter.

Spiekermann, Helmut (2010): „Visualisierungen von Dialekten. Ein Beitrag zum Nutzen der Laiendialektologie". In: Christina Ada Anders/Markus Hundt/Alexander Lasch (Hrsgg.): *Perceptual Dialectology: Neue Wege der Dialektologie.* Berlin/New York: de Gruyter, 221-244.

Strik, Helmer/Cucchiarini, Catia/Binnenpoorte, Diana (2000): „L2 Pronunciation Quality in Read and Spontaneous Speech". In: *INTERSPEECH-2000*, 582-585.

Thompson, Irene (1991): „Foreign Accents Revisited. The English Pronunciation of Russian Immigrants". In: *Language Learning* 41/2, 177-204.

Trubetzkoy, Nikolai S. ([1939] 1977): *Grundzüge der Phonologie.* 6. Auflage. Göttingen: Vandenhoeck & Ruprecht.

Vieru-Dimulescu, Bianca/Boula de Mareüil, Philippe (2005): „Contribution of prosody to the perception of a foreign accent: a study based on Spanish/Italian modified speech". In: *Proceedings of ISCA workshop on Plasticity in Speech Perception 2005.* London: ISCA, 66-68.

Vieru-Dimulescu, Bianca/Boula de Mareüil, Philippe (2006): „Perceptual identification and phonetic analysis of 6 foreign accents in French". In: *INTERSPEECH-2006*, 441-444.

Wadowski, Stanisław (2001): *Polnisch-Deutsch. Deutsch-Polnisch.* 29. Auflage. Berlin usw.: Langenscheidt.

Weber, Andrea/Poellmann, Katja (2010): „Identifying foreign speakers with an unfamiliar accent or in an unfamiliar language". In: *New Sounds 2010: Sixth International Symposium on the Acquisition of Second Language Speech.* Poznan: Adam Mickiewicz University, 536-541.

Weber, Andrea/Broersma, Mirjam/Aoyagi, Makiko (2011): „Spoken-word recognition in foreign-accented speech by L2 listeners". In: *Journal of Phonetics* 39, 479-491.

Wilton, Antje/Stegu, Martin (2011): „Bringing the 'folk' into applied linguistics: An introduction". In: Antje Wilton/Martin Stegu (Hrsgg.): *Applied Folk Linguistics. AILA Review* 24, 1-14.

Wójtowicz, Janina (1975): *Phonetik der polnischen Sprache.* Bochum: Brockmeyer.

Yuan, Jiahong/Jiang, Yue/Song, Ziang (2010): „Perception of Foreign Accent in Spontaneous L2 English Speech". In: *Proceedings of Speech Prosody 2010*, 100884: 1-4.

Internetquellen

Braun, Thomas (2003): *Computerlinguistik und künstliche Intelligenz. Ein Zwei-Ebenen-Modell der Phonologie des Polnischen.* Magisterarbeit. Universität Osnabrück. URL: http://cogsci.uni-osnabrueck.de/CL/download/MasterTh_ThomasBraun.pdf (Stand: 09.02.2012).

Greisbach, Reinhold (Stand: 2007): *Voice onset time (VOT).* Universität zu Köln. URL: http://schreiben.sprachsignale.de/voice-onset-time.php (Stand: 10.03.2012).

Heinz, Christoph (2007): *Skriptum: Einführung in die slavische Sprachwissenschaft.* Wien: Universität Passau. URL: http://www.phil.uni-passau.de/fileadmin/group_upload/15/Skript-Heinz.pdf (Stand: 13.03.2012).

Hess, Wolfgang (2005): *Theorien und Methoden der Phonologie.* URL: http://www.sk.uni-bonn.de/lehre/informationen-materialien/informationen-und-materialien-kopho/materialien-1/hess/theorien-und-methoden-der-phonologie/pnl_1f_4p.pdf (Stand: 08.02.2012).

Jilka, Matthias (2000): *The contribution of intonation to the perception of foreign accent. Identifying intonational deviations by means of F_0 generation and resynthesis*. Dissertationsschrift. URL: http://ifla.uni-stuttgart.de/institut/mitarbeiter/jilka/chapters/zero.pdf (Stand: 08.03.2012).

Kolly, Marie-José (2011): „Weshalb hat man (noch) einen Akzent? Eine Untersuchung im Schnittfeld von Akzent und Einstellung bei Schweizer Dialektsprechern“. In: *Linguistik Online* 50/6. URL: http://www.linguistik-online.com/50_11/kolly.html (Stand: 03.03.2012).

Molnár, Heike (2010): „Der Einfluss des Alters auf die Aussprachekompetenz in der L2. Ergebnisse einer Pilotstudie mit DaZ-Lernern". In: *Zeitschrift für interkulturellen Fremdsprachenunterricht* 15/1, 1–21. URL: http://zif.spz.tu-darmstadt.de/jg-15-1/beitrag/Molnar1.htm (Stand: 12.03.2012).

Nebert, Augustin U. (2007): „Tonhöhe und Sprechstimme – Unterschiede in Mutter- und Fremdsprache“. In: *Zeitschrift für interkulturellen Fremdsprachenunterricht* 12/2. URL: http://zif.spz.tu-darmstadt.de/jg-12-2/docs/Nebert.pdf (Stand: 12.03.2012).

Praat (Stand: 2005): „Intro 4.2. Configuring the pitch contour”. In: *Praat.* URL: http://www.fon.hum.uva.nl/praat/manual/Intro_4_2__Configuring_the_pitch_contour.html (Stand: 04.03.2012).

Schmidt, Thomas u.a. (2011): „New and future developments in EXMARaLDA”. In: Thomas Schmidt/Kai Wörner (Hrsgg.): *Multilingual Resources and Multilingual Applications – System Presentations.* Proceedings of GSCL Conference 2011, Hamburg. URL: http://www1.uni-hamburg.de/exmaralda/files/Exmaralda_GSCL2011.pdf (Stand: 12.03.2012).

Anhangsverzeichnis

A Internationales Phonetisches Alphabet

INTERNATIONALES PHONETISCHES ALPHABET (rev. 2005)

KONSONANTEN (PULMONISCH)

	Bilabial	Labiodental	Dental	Alveolar	Postalveolar	Retroflex	Palatal	Velar	Uvular	Pharyngal	Glottal
Plosive	p b			t d		ʈ ɖ	c ɟ	k ɡ	q ɢ		ʔ
Nasale	m	ɱ		n		ɳ	ɲ	ŋ	ɴ		
Trills	ʙ			r					ʀ		
Tap oder Flap		ⱱ		ɾ		ɽ					
Frikative	ɸ β	f v	θ ð	s z	ʃ ʒ	ʂ ʐ	ç ʝ	x ɣ	χ ʁ	ħ ʕ	h ɦ
Lateral-Frikative				ɬ ɮ							
Approximanten		ʋ		ɹ		ɻ	j	ɰ			
Lateral-Approximanten				l		ɭ	ʎ	ʟ			

KONSONANTEN (NICHT PULMONISCH)

Klicks	Sth. Implosive	Ejektive
ʘ Bilabial	ɓ Bilabial	ʼ
ǀ Dental	ɗ Dental/alveolar	pʼ Bilabial
ǃ (Post)alveolar	ʄ Palatal	tʼ Dental/alveolar
ǂ Palatoalveolar	ɠ Velar	kʼ Velar
ǁ Alveolo-lateral	ʛ Uvular	sʼ Alveolarer Frikativ

VOKALE

Vorne — Zentral — Hinten

geschlossen: i • y — ɨ • ʉ — ɯ • u

ɪ ʏ ʊ

halb geschlossen: e • ø — ɘ • ɵ — ɤ • o

ə

halb offen: ɛ • œ — ɜ • ɞ — ʌ • ɔ

æ ɐ

offen: a • ɶ — ɑ • ɒ

ANDERE SYMBOLE

ʍ Stimmloser labio-velarer Frikativ

w Stimmhafter labio-velarer Approximant

ɥ Stimmhafter labio-palataler Approximant

ʜ Stimmloser epiglottaler Frikativ

ʢ Stimmhafter epiglottaler Frikativ

ʡ Epiglottaler Plosiv

ɕ ʑ Alveolo-palatale Frikative

ɺ Stimmhafter alveolarer lateraler Flap

ɧ gleichzeitig ʃ und x

Affrikaten und Doppelartikulationen werden durch zwei Lautsymbole, verbunden mit einem Bogen, transkribiert: k͡p t͜s

Quelle:
URL: http://www.coli.uni-saarland.de/elaut/ipaMain_klick_and_hear.htm (Stand: 07.03.2012).

B-1 Deutsche Vokale und Konsonanten

Vokale

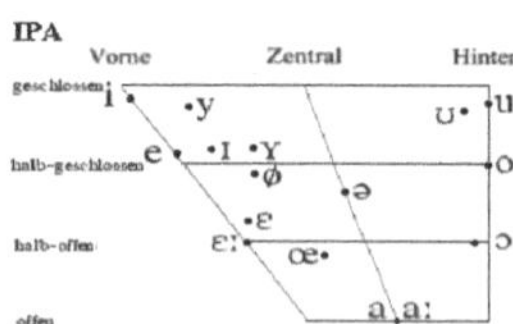

Konsonanten

IPA

	Bilabial	Labiodental	Dental	Alveolar	Postalveolar	Retroflex	Palatal	Velar	Uvular	Pharyngal	Glottal
Plosive	p b			t d				k g			ʔ
Nasale	m			n				ŋ			
Trill				r					ʀ		
Tap oder Flap											
Frikative		f v		s z	ʃ ʒ		ç	x	ʁ		h
Lateral-Frikative											
Approximanten							j				
Lateral-Approximanten				l							

Where symbols appear in pairs, the one to the right represents a voiced consonant. Shaded areas denote articulations judged impossible.

Quelle:
URL: http://www.coli.uni-saarland.de/elaut/Languages_Sites/sampaDeutsch.htm (Stand: 23.02.2012).

B-2 Französische Vokale und Konsonanten

Vokale

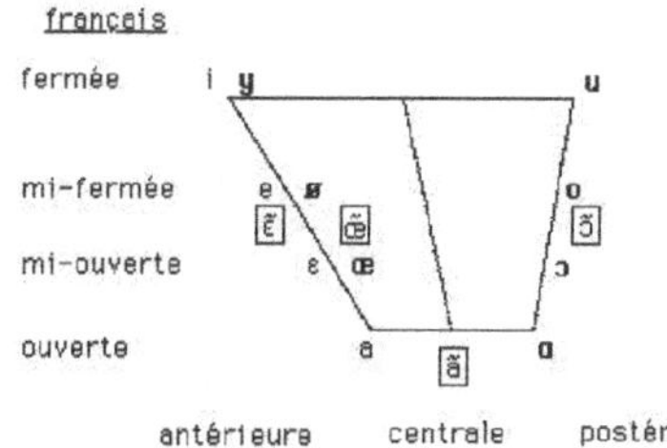

n.b.: caractères gras indiquent les voyelles arrondies

Konsonanten

français		bilabiale	labiodentale	alvéolaire	palatale	vélaire	uvulaire
occlusive	sourde sonore	p b		t d		k g	
nasale	~~sourde~~ sonore	m		n	ɲ[1]		
fricative	sourde sonore		f v	s z	ʃ ʒ		ʁ[2]
latérale	~~sourde~~ sonore			l			
glide	~~sourde~~ sonore				j/ɥ[3]	w[3]	

1 [ŋ] dans les emprunts de l'anglais 3 labialisée
2 /R/ en début de syllabe

Quelle:
URL: http://www.pomme.ualberta.ca/ling/phone.htm (Stand: 23.02.2012).

B-3 Polnische Vokale und Konsonanten

Vokale

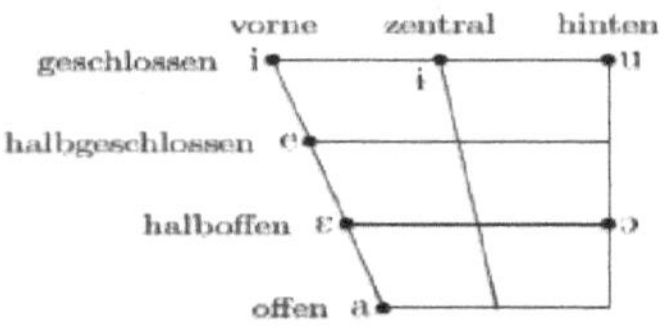

Quelle:
URL: http://cogsci.uni-osnabrueck.de/CL/download/MasterTh_ThomasBraun.pdf (Stand: 23.02.2012).

Konsonanten

	Bilabial	Labiodental	(Post-) Dental	Alveolar	Postalveolar	Retroflex	Alveolo-Palatal	Palatal	Velar	Uvular	Pharyngal	Glottal
Plosive	p b		t d					c ɟ	k g			
Nasale	m		n				ɲ		ŋ			
Trills				r								
Tap oder Flap												
Frikative		f v	s z	ʃ ʒ			ɕ ʑ		x			
Lateral-Frikative												
Approximanten		j					w					
Lateral-Approximanten			l									

Quelle:
URL: http://www.coli.uni-saarland.de/elaut/Languages_Sites/sampaPolnisch.htm (Stand: 23.02.2012).

B-4 Spanische Vokale und Konsonanten

Vokale

	iniciales	centrales	finales
cerradas	/i/		/u/
medias	/e/		/o/
abiertas		/a/	

Konsonanten

		bilabial	labidental	linguo-interdental	linguo-dental	linguo-alveolar	linguo-palatal	linguo-velar
oclusiva	sonora	/b/			/d/			/g/
	sorda	/p/			/t/			/k/
fricativa	sonora							
	sorda		/f/	/θ/		/s/		/x/
africada	sonora						/ɟ/	
	sorda						/t͡ʃ/	
nasal	sonora	/m/				/n/	/ɲ/	
lateral	sonora					/l/	/ʎ/	
vibrante	simple					/ɾ/		
	múltiple					/r/		

Quelle:
URL: http://www.romaniaminor.net/ianua/sup/sup04.pdf (Stand: 23.02.2012).

B-5 Italienische Vokale und Konsonanten

Vokale

Alte i u
e o
ɛ ɔ
Basse a

Anteriori Posteriori (arrotondate)

Konsonanten

		Bilabiali	Labiodent.	Dentali	Alveolari	Alveopal.	Palatali	Velari
Occlusive	sorda	p		t				k
	sonora	b		d				g
Fricative	sorda		f	s		ʃ		
	sonora		v	z				
Affricate	sorda			ts		tʃ		
	sonora			dz		dʒ		
Nasali		m			n		ɲ	
Liquide					r-l		ʎ	
Semicons.							j	w

Quelle:
URL: http://www.ciscl.unisi.it/doc/doc_ev/ling_gen04-05-5fonetica.pdf (Stand: 23.02.2012).

C Angaben zu den Sprecherinnen[1]

	Alter	Aufgewachsen in	Aufenthalt in Deutschland seit...	Art und Dauer des Deutsch-Erwerbs
Französin (F)	50	Paris, F	30 J.	- seit 30 J. - drei J. Deutschunterricht
Polin (PL)	27	Legnica, P	sechs J.	- seit 12 J. - im Gymnasium begonnen
Spanierin 1 (ES1)	20	Murcia, ES	ein J.	- seit neun J. - erstes Lernjahr autodidaktisch - fünf J. Deutschunterricht - zwei J. Pause - derzeit ERASMUS in DE
Spanierin 2 (ES2)	32	Bogota, CO	neun J.	- seit 15 J. - Studium „Deutsch als Fremdsprache“
Italienerin (IT)	37	Pisa, I	sechs J.	- seit 18 J. - in Universität begonnen - 1998/99 ERASMUS in DE

D Sprachzertifikate der Sprecherinnen

F/ ES1: offizielle Zertifikate fehlen.

IT: Mail vom 19.12.2012

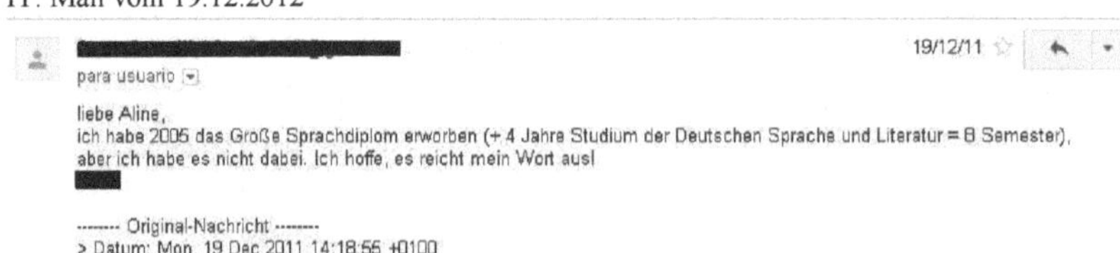
19/12/11
para usuario

liebe Aline,
ich habe 2006 das Große Sprachdiplom erworben (+ 4 Jahre Studium der Deutschen Sprache und Literatur = 8 Semester), aber ich habe es nicht dabei. Ich hoffe, es reicht mein Wort aus!

-------- Original-Nachricht --------
> Datum: Mon, 19 Dec 2011 14:18:55 +0100
> Von: "Aline Ruß" <huskyalineruss@googlemail.com>

[1] Alle Daten entsprechen eigenen Angaben der Sprecherinnen.

Zertifikat PL:

FACHSPRACHENZERTIFIKAT
UNI*cert*® IV
in
DEUTSCH für KULTURWISSENSCHAFTEN

FRAU [redacted]
geb. am: **28.01.1984** in: **LEGNICA**

hat die Fachsprachenausbildung erfolgreich abgeschlossen.

Prüfungsergebnisse

Schriftliche Prüfung:		
Leseverstehen:	1,5	
Hörverstehen:	1,5	
Schriftlicher Ausdruck:	1,5	
Mündliche Prüfung:	1,5	
Gesamtnote:	**1,5**	**SEHR GUT**
Modul Landeskunde	1,0	
Modul Rhetorik des Schreibens	-	
Modul Übersetzen	2,0	

Frankfurt (Oder), den **23.09.2008**

Vorsitzender des Prüfungsausschusses

(Siegel)

Prüfungskommission

Dieses Zertifikat ist vom Arbeitskreis für Sprachenzentren, Sprachinstitute und Fremdspracheninstitute (AKS) als UNIcert®-Zertifikat der Stufe IV (von Stufe I bis IV) akkreditiert.

EUROPA-UNIVERSITÄT VIADRINA FRANKFURT (ODER)

Zertifikat ES2:

Fachsprachenzertifikat

Deutsch

Frau [geschwärzt]
geb. am: 13.02.1979 in: Bogota

hat die Fachsprachenausbildung in der Fachrichtung **Kulturwissenschaften** erfolgreich abgeschlossen.

Prüfungsergebnisse

Schriftliche Prüfung:	
Leseverstehen	**2,5**
Hörverstehen:	**2,0**
Schriftlicher Ausdruck:	**4,0**
Mündliche Prüfung:	**2,5**

Gesamtnote: 2,7 befriedigend

Frankfurt (Oder), den 12.07.2005

(Siegel)

Vorsitzender des Prüfungsausschusses

Prüfungskommission

E Muster-Fragebogen

Alter:

Geschlecht: w◯ , m◯

1. Welche ist deine Muttersprache? Wenn du mehrere hast, welche ist deine erste?

2. Werden in deiner Familie noch andere Sprachen aktiv untereinander gesprochen? Wenn ja, welche?

3. Welche Sprachen sprichst du und auf welchem Niveau jeweils? *(1: sehr gut/fließend, 2: gut/ziemlich flüssig, 3: befriedigend/eher stockend, 4: gebrochen aber kommunikationsfähig, 5: einige Brocken/keine längere Kommunikation möglich, 6: ich verstehe es, spreche es aber nicht)*

4. Welche Dialekte kennst du?
(bitte jeweils angeben ob du ihn a) selbst sprichst, oder b) ihn nur vom Klang her sicher kennst)

5. Hast du eine musikalische Ausbildung? Wenn ja, welche und wie lange war sie?

6. Hast du eine Vorstellung des italienischen/ spanischen/ französischen/ polnischen Akzents im Deutschen (bzw. deiner eigenen Muttersprache)? Falls ja, gib bitte typische Merkmale an, falls nicht; lass die Zeile frei:

a) Italienischer Akzent im Deutschen:

b) Spanischer Akzent im Deutschen:

c) Französischer Akzent im Deutschen:

d) Polnischer Akzent im Deutschen:

7. Höre dir die folgenden Texte an.
Bewerte die Stärke des gehörten Akzents, kreuze an um welche Muttersprache es sich handelt und gib an, warum du glaubst, dass die jeweilige Sprecherin aus … kommt?
(du kannst linguistische Umschreibungen, Metaphern, typische Beispielwörter aus dem Text, Ausschlussverfahren mit einem anderen Akzent (wenn ja, bitte angeben mit welchem) etc. für deine Beschreibung nutzen)

(Legende für Akzent-Stärke:
0: kein Akzent, 1: leichter Akzent, 2: gut zu hörender Akzent, 3: starker Akzent, 4: sehr starker Akzent)

Text 1: Akzentstärke: ______

Muttersprache: Italienerin O , Spanierin O , Französin O , Polin O

Gründe für Muttersprach-Wahl:

Text 2: Akzentstärke: ______

Muttersprache: Italienerin O , Spanierin O , Französin O , Polin O

Gründe für Muttersprach-Wahl:

Text 3: Akzentstärke: ______

Muttersprache: Italienerin O , Spanierin O , Französin O , Polin O

Gründe für Muttersprach-Wahl:

Text 4: Akzentstärke: ______

Muttersprache: Italienerin O , Spanierin O , Französin O , Polin O

Gründe für Muttersprach-Wahl:

Text 5: Akzentstärke: ______

Muttersprache: Italienerin O , Spanierin O , Französin O , Polin O

Gründe für Muttersprach-Wahl:

F Auswertung unbeeinflusste Fragebögen

Zuordnungen: 2x Französisch, 2x Polnisch

	Nr.	Text 1 (ES1)	Text 2 (P)	Text 3 (ES2)	Text 4 (F)	Text 5 (IT)
1	4	Französisch	Italienisch	Polnisch	Französisch	Polnisch
2	16	Italienisch	Französisch	Polnisch	Französisch	Polnisch
3	29	Französisch	Polnisch	Spanisch	Französisch	Polnisch
4	31	Französisch	------	Polnisch	Französisch	Polnisch
5	32	Französisch	Polnisch	Polnisch	Französisch	Spanisch

Zuordnungen: 3x Polnisch

	Nr.	Text 1 (ES1)	Text 2 (P)	Text 3 (ES2)	Text 4 (F)	Text 5 (IT)
1	13	Französisch	Polnisch	Polnisch	Spanisch	Polnisch
2	14	Französisch	Polnisch	Polnisch	Französisch	Polnisch
3	25	Polnisch	Spanisch	Polnisch	Französisch	Polnisch
4	27	Spanisch	Polnisch	Polnisch	Französisch	Polnisch

Zuordnungen: 3x Französisch

	Nr.	Text 1 (ES1)	Text 2 (P)	Text 3 (ES2)	Text 4 (F)	Text 5 (IT)
1	9	Französisch	Polnisch	Französisch	Französisch	Spanisch

Zuordnungen: 2x Polnisch oder 2x Französisch + 2x Spanisch

	Nr.	Text 1(ES1)	Text 2 (P)	Text 3 (ES2)	Text 4 (F)	Text 5 (IT)
1	23	Französisch	Polnisch	Französisch oder Polnisch[2]	Spanisch	Spanisch
2	19	Polnisch	Spanisch	Spanisch	Französisch	Polnisch

Zuordnungen: 2x Spanisch, 2x Italienisch

	Nr.	Text 1 (ESP1)	Text 2 (P)	Text 3 (ES2)	Text 4 (F)	Text 5 (IT)
1	12	Französisch	Spanisch	Italienisch	Spanisch	Italienisch

[2] Sicher ist jedoch, dass sich entweder F oder P gedoppelt hätte.

G Quantitative Auswertungen des Fragebogens

	Muttersprache	m/w	Alter	Sprachkenntnisse[3]	Text 1 (ES1)	Text 2 (PL)	Text 3 (ES2)	Text 4 (F)	Text 5 (IT)
1	Deutsch	w	24	F5, ENG2	F	P	P (ESP?[4])	IT	ES
2	Deutsch	w	19	F4, PL5, ENG2	F	P	P	ES	IT
3	Deutsch	w	25	ES5, ENG4	IT (PL?)	F	----	F	P (IT?)
4	Deutsch	m	22	F5, ENG2	F	IT	P	F	P
5	Deutsch	w	---	F5, ES5, ENG1	F	P	ES	F	IT
6	Deutsch	w	23	F4, ENG1, S5	F	P	ES	F (IT?)	IT (PL?)
7	Deutsch	w	19	F2, ENG2	F	P	ES	IT	P
8	Deutsch	w	---	F3, ENG1, Lat5	F	P	ES	F (PL?)	IT
9	Deutsch	w	20	F4, ES6, ENG1, NL6	F	P (ESP?)	F (ESP/IT?)	F	ES
10	Deutsch	w	20	ES4, ENG2, HUNG4	F	P	IT	ES	P
11	Deutsch	w	22	DE1, Twi5	F	ES	IT	ES	IT
12	Deutsch	w	20	ENG2, RUS5	F	P	P	ES	P
13	Deutsch	w	19	F6, ENG2	F	P	P	F	P
14	Deutsch	w	22	F5, ENG2	F	P (ES?)	ES (IT?)	F	IT
15	Deutsch	w	21	F5, PL3, ENG2	IT	F	P	F	P
16	Deutsch	w	20	F6, PL3, ENG3	F	P	ES	F	IT
17	Deutsch	w	22	ES5, ENG2, PT4	ES	P	IT	F	P
18	Deutsch	w	22	F5, ES5/6, ENG2	P	ES	ES (IT/F?)	F	P
19	Deutsch	w	---	F4, ES4, IT5/6, ENG1, Arab5	F	IT	P	ES	P
20	Deutsch	w	23	F3, ES2, ENG2, GR4/5	F	IT	P	ES	IT
21	Deutsch	w	33	ES4, ENG5	F (PL?)	P	ES	F	IT
22	Deutsch	w	19	F4, ENG2	F	P	----	ES	ES
23	Deutsch	m	20	F4, ENG1	F	F	P	IT	ES
24	Deutsch	w	23	F3, ES4, ENG2, Türk5	P	ESP	P	F	P
25	Deutsch	w	---	F4, ES3, ENG1, S5	F	ES	P	F	IT
26	Deutsch	w	26	F3, ES3, ENG1, P4	ES (F?)	P	P (IT?)	F	P

[3] Die Zahlen entsprechen folgenden sprechenden Kategorien: 1: „sehr gut/fließend"; 2: „gut/ziemlich flüssig"; 3: „befriedigend/eher stockend"; 4: „gebrochen aber kommunikationsfähig"; 5: einige Brocken/keine längere Kommunikation möglich"; 6: „Ich verstehe es, spreche es aber nicht".

[4] Angaben in Klammern mit Fragezeichen stellen eine andere (z.B. durchgestrichene) Sprachwahl der Informanten vor der letztendlich Gewählten dar.

	Muttersprache	m/w	Alter	Sprachkenntnisse[5]	Text 1 (ES1)	Text 2 (PL)	Text 3 (ES2)	Text 4 (F)	Text 5 (IT)
27	Deutsch	w	22	F5, ES1, ENG1, S6	F	P	ES	F	P
28	Deutsch	w	21	F6, ES1, ENG2	F	IT (PL?)	ES	F	P
29	Deutsch	m	24	F5, ENG3	F	----	P (ES?)	F	P
30	Deutsch	w	20	F3, ES6, IT5, ENG1, P4	F	P	P	F	ES
31	Deutsch	w	19	F4, ES5, PL2/3, ENG1/2	P	P	IT	F	ES

[5] Die Zahlen entsprechen folgenden sprechenden Kategorien: 1: „sehr gut/fließend"; 2: „gut/ziemlich flüssig"; 3: „befriedigend/eher stockend"; 4: „gebrochen aber kommunikationsfähig"; 5: einige Brocken/keine längere Kommunikation möglich"; 6: „Ich verstehe es, spreche es aber nicht".

H-1 Interview-Leitfaden zur Sprechstimmlage

(zu Fragebogen Nr. 14)

1. Bei deiner Vorstellung eines polnischen Akzents im Deutschen, hast du geschrieben als eines der Merkmale: „tiefe Stimmlage“, kannst du das explizieren?
2. Kannst du sie mal nachmachen?
3. Du schreibst beim französischen Akzent im Deutschen „recht hohe Stimmlage“. Wie kommst du da rauf?
4. Kannst du sie mal nachmachen?
5. Welche Sprachen ordnest du denn zu „hoher Stimmlage“ und welche zu „tiefer“?
6. Wie wichtig scheint dir die Tonlage einer Sprache?
7. In Text 5 hast du gesagt, es sei eine Polin, die liest. Du hast geschrieben, „klingt schon wieder so östlich (russisch, polnisch)“. Warum dachtest du das?
8. Wieso schreibst du für „östlich“ in Klammern „russisch, polnisch“, also beides?
9. Wie stehen Russisch und Polnische Aussprache für dich zueinander?

H-2 Transkript des Leitfaden-Interviews

Dauer der Aufnahme: 7:27 min.
Ort: Europa-Universität Viadrina, Auditorium Maximum

Intv.: Interviewerin (Forscherin)
SPK (I): Informantin (weiblich, Nationalität: deutsch)

[1]

	0 [00:00.0]	1 [00:01.3]	2	3	4 [00:04.	5
Intv. [v]		Dümdüdümdüdüm	Test		So ((1s))	also ((1s))
Intv. [k]		testet Aufnahmegerät				
SPK1 (I) [k]				[illegible]		
[k gen]	((Rascheln des Aufnahmegeräts, 4s))					

[2]

	..	6 [00:07.0]
Intv. [v]	ähm••	bei deiner Vorstellungen eines polnischen Akzents im Deutschen hast

[3]

	..	7
Intv. [v]	du geschrieben•als eines der Merkmale "tiefe Stimmlage", kannst du mir	das

[4]

	8	9 [00:15.0]
Intv. [v]	erklären?	
SPK1 (I) [v]		Na, ich fand dass es, ähmm, dass es son bisschenn klang als würdes

[5]

	..
SPK1 (I) [v]	so aus aus ihrem Bauch herauskommen, dass ähm, dass sie, dass sie nich ähm

[6]

	10
Intv. [v]	•na bei der polnischen. Das war nur der, nur das was du selbst geschrieben
SPK1 (I) [v]	

[7]

	..	11
Intv. [v]	hattest, du hattest noch gar nichts gehört in dem Moment. Also	das von allein
SPK1 (I) [v]		Achso!

[8]

	..	12	14 [00:33.0]
Intv. [v]	hast (...)		
SPK1 (I) [v]		Achso, okee, wenn ich allgemein daran denke	ähm• •ähm ((2s)) ja

[9]

	..
SPK1 (I) [v]	naja, da denk ich auch daran, dass es sozusagen aus dem Bauch herauskommt,

[10]

	..
SPK1 (I) [v]	dass ähh•dass es, ähh• • also ich weiß nich wenn man wann man ähm•

[11]

	..	15	16 [00:47.0]
SPK1 (I) [v]	•Polnisch oder• • ich, ich setze das nen	bisschen gleich	mit Russisch, also, in
SPK1 (I) [k]		*kichernd*	

[12]

	..
SPK1 (I) [v]	meinen Ohren hört sich das ähnlich an• •ähm, dass es alles so, dass es• •ähh, so

[13]

	..
SPK1 (I) [v]	ein bisschen eintönig klingt, dass es da jetz nich so viel• •Variation gibt,

[14]

	..	17
SPK1 (I) [v]	sondern dass halt alles eher äh eintönig is• •und ähm, und alles eher•	tiefer

[15]

	18	19
Intv. [v]		Mhm, mhm, und ähm• •welche•Sprachen würdest
SPK1 (I) [v]	is als • •höher• •sozusagen.	

[16]

	..	20	21	22 [01:10.0]
Intv. [v]	du dann	höher	setzen als das was du für Polnisch und Russisch (...)	
SPK1 (I) [v]				Mhh, zum

[17]

	..
SPK1 (I) [v]	Beispiel a(...) ((2s)) o(...) häufig auch Amerikanisch, aber das weiß ich nich ob

[18]

	.	23	24
SPK1 (I) [v]	i	eher an der	Kultur liegt, ähm, aber zum Beispiel Chinesisch oder asiatische
SPK1 (I) [k]		*kichernd*	

[19]

	..	25	26	27
Intv. [v]		Mh		
SPK1 (I) [v]	Sprachen.		Japanisch ((1s)) ähm• •ja, Chinesisch, ähhm• •Koreanisch	a u c h

[20]

	28
SPK1 (I) [v]	und da hörts auch schon auf mit meinem asiatischen Sprach(...)• • äh wissen

[21]

	29 [01	31
Intv. [v]	J	und ähm• •könntest du diese ((blättert, 1,5s))wie du schö(...)so schön
SPK1 (I) [v]		

[22]

	..	32
Intv. [v]	gesagt hast,tiefe Stimmlade, also könntest du ma versuchen	n chzumachen

[23]

	33	34 [01:42.5]	35	36
Intv. [v]	wie ne ((1s))	Polin klingt		
SPK1 (I) [v]		Ooh ((1s) ähm	na das• •es	es brummt alles ein b
SPK1 (I) [k]		*geht in tiefe Stimme*	*normale Stimmlage*	*spricht mit tiefer Stimmlage, formt Doppelkinn um*

[24]

	37	38	39	40
SPK1 (I) [v]	i	sschen und	ähh• •man ääh• •ich ka(...)	naja, ne ich kanns eigentlich
SPK1 (I) [k]	*so tief zu*	*kommen*	*wieder zurück in normale Stimmlage*	

[25]

	41	42	43 [01:54.0]
SPK1 (I) [v]	nich so gut	((lacht, 3s))	na halt ähhm• •dass mhhh• •oh Gott, was soll man denn
SPK1 (I) [k]	*lacht*		

[26]

	..	44 [01:58.0]	45	46
Intv. [v]			Mhm˙	
Intv. [k]			lächelnd	
SPK1 (I) [v]	sagen?	"Ich komme aus Moskau"		Das klingt alles so ein bisschen als
SPK1 (I) [k]		*spricht mit tiefer Stimme*		*weitermit tiefer Stimme, Lippen sehr geschlossen*

[27]

	..
SPK1 (I) [v]	hä(...) als würde man den Mund nich ganz öffnen und ein bisschen düüdüüdüü
SPK1 (I) [k]	

[28]

	..	47	48	49
Intv. [v]		Und im Polnischen auch.		Weil Moskau ist ja jetzt
SPK1 (I) [v]	machen		• •Jaa, genau	
SPK1 (I) [k]			*wieder normale Stimmlage*	

[29]

	50	51	52
Intv. [v]	nickt	((lacht))˙	
SPK1 (I) [v]	J a	Moskau is nich in Polen, ja	ne, aber für mich, wirklich also für mich
SPK1 (I) [k]		*kichernd*	

[30]

	..	53 [02:15.0]
Intv. [v]		Und, ähhm• •also
SPK1 (I) [v]	klingen die beiden Akzente halt ähnlich. Ab r ((1s)) ja.	

[31]

	..
Intv. [v]	neben den aisatischen Sprachen(...) du hattest halt den französischen Akzent

[32]

	..	54	5:	56 [02:24.0]
Intv. [v]	hast du ge(...)• •sagt recht hohe Stimmlage			
SPK1 (I) [v]		Stimmt J ,	j	((lacht 1,5s))ja,
SPK1 (I) [k]			lacht	

[33]

	..	57
Intv. [v]		Also•ffindest du das is irgendwie auffällig oder
SPK1 (I) [v]	stimmt, das is•tatsächlich so, ja!	

[34]

	..
Intv. [v]	is es nur weil ich jetz diese• •weil ich diese Sprachen vorgegeben hatte, dass

[35]

	..
Intv. [v]	du quasi gedacht hast, okee• •Polnisch is eher tief und Französisch is eher hoch

[36]

	..	58 [02:38.5]
Intv. [v]	oder• •hast du das schon immer so gedacht-	
SPK1 (I) [v]		Nee, das hab ich auch schon

[37]

	..
SPK1 (I) [v]	immer so gedacht• ähm•aber• • also, ich finds• äh eigentlich is es auch

[38]

	..	59	60
SPK1 (I) [v]	irgendwie• •	Blödsinn	weil man letztendl(...), also•weiß ich gar nich ob man das

[39]

	..
SPK1 (I) [v]	wirklich so darauf beziehen kann, weil• • ähh, letztendlich• kennt man ja

[40]

	..
SPK1 (I) [v]	auch•also die Franzosen•ich, ähm kenn halt auch ähh zwei Franzosen halt, äh,

[41]

	..	61	62	63 [02:57.0]
Intv. [v]			mhm'	
SPK1 (I) [v]	a(..)aber	männlich		und die sprechen• •deutlich, also sehr sehr tief. Und

[42]

	..
SPK1 (I) [v]	auch im Deutschen sehr tief.• Und ähm• und weiß ich jetz gar nich ob man das

[43]

	..
SPK1 (I) [v]	so sagen könnte, aber wenn ich•ähm, daran denke wie man• • wie man auf dem

[44]

	..	64	65	66 [03:1
Intv. [v]			Mhm'	
SPK1 (I) [v]	Französischen sozusagen spricht, klingt es für mich eher	heller		und

[45]

	..	67	68	69 [03:1
Intv. [v]		kannst du das mal nachmache ?		
SPK1 (I) [v]	h		• •Äähh ((2s)) müss ich eig(...)• • •	
SPK1 (I) [k]				hebt

[46]

	..	70	71	72
SPK1 (I) [v]	"Bonjoouur"	Das geht ja auch alles so	"tüdüü	tüdüü"
SPK1 (I) [k]	*Stimme, zum jour hin noch mehr*		*steigende Intonation*	*steigende Intonation*

[47]

	73
SPK1 (I) [v]	also es is• äähm, es spielt sich •sehr viel auf dieser ääh• •Melodiebewegung•ab

[48]

	..
SPK1 (I) [v]	und deshalb, also es klingt ja, man sagt ja auch immer dass es son bisschen wie

[49]

	..	75	76
Intv. [v]			Mhm .
SPK1 (I) [v]	Gesang klingt	und glaub ich halt weils•sozusagen vielleicht höher is.	

[50]

	78 [03:32.5]	79
Intv. [v]	Okee. Aber•also•du sagst, ähm,	((Gespräch mit Außenstehenden über
SPK1 (I) [v]		

[51]

	..	80 [03:45.0]
Intv. [v]	Raumsuche, 10s))	Ähm• •das heißt also du sagt es sind viele

[52]

	..	81
Intv. [v]	Melodiebewegungen, aber insgesamt ((3s))	
SPK1 (I) [v]		insgesamt höher• •eigentlich. Aber,

[53]

	..	82	83 [03:57.
SPK1 (I) [v]	ich ähm, je mehr ich darüber nachdenke sozusagen, desto	unlogischer	finde ich
SPK1 (I) [k]		*kichernd*	

[54]

	..
SPK1 (I) [v]	meine Ansicht sozusagen, dasss ich sage dass•man in der Sprache•dass es

[55]

	..
SPK1 (I) [v]	höher oder tiefer i • •ähm, weil ich da, also• • •letztendlich kann man das so

[56]

	..
SPK1 (I) [v]	sagen ich hab• •das daraus geschlossen ähm, wenn ich ähm, an•Frauenstimmen

[57]

	..	84	85 [04	86	87	88	89
Intv. [v]		Mhm˙	ja	wir hatten ja auch nur	Fraun.		
SPK1 (I) [v]	denke.			vielleicht auch weil ichs		genau genau	und vielleicht

[58]

	..
SPK1 (I) [v]	auch weil ichs selbst äh, am besten• •bei mir selbst einschätzen kann ich merk

[59]

	..
SPK1 (I) [v]	auch ich hab(...) ich war n Jahr in London und hab Englisch gesprochen•und

[60]

	..	90	91	92 [04:22.0]
Intv. [v]		Mhm˙	okay.	Und was gl(...) was
Intv. [k]			etwas murmelnd	
SPK1 (I) [v]	ich glaube, dass ich ((1s)) anders kling .		auch s .	

[61]

	..
Intv. [v]	glaubst du denn wie wichtig is die Tonlage für ne•für ne Sprache, also jetz hast

[62]

	..	93	94 [04:29.0]
Intv. [v]	du ja gerade mit Englisch noch angefangen		also• •was glaubst du
SPK1 (I) [v]		mmh˙	

[63]

	..
Intv. [v]	wwiee ((1s)) obs da große Unterschied • •also•insgesamt wie ist dein

[64]

	..	95	96
Intv. [v]	Empfinden, is die Tonlage irgendwie sehr entscheidend oder	nich	so

[65]

	..	97	98 [04:39.5	99	100
Intv. [v]	entscheidend?				
SPK1 (I) [v]			Ich denke	schon	auch schon allein wegen•
[k gen]		((Außenstehende grüßt 0,5s))			

[66]

	..
SPK1 (I) [v]	•äh so auch zum Beispiel als(...) aso zum Beispiel Chinesisch wo es einfach

[67]

	..
SPK1 (I) [v]	unterschiedliche Tonlagen unterschiedliche Sachen dann auch einfach

[68]

	..	101	102 [04:49.0]	10	104
Intv. [v]		Mhm˙			
SPK1 (I) [v]	bedeuten.		Also da• fängts ja	auch	schon an dass äh• •dass es da• •definit

[69]

	106	108	110 [04:57.5]
Intv. [v]			
SPK1 (I) [v]	bedeutend	• •ob da jetzt äh• der Ton höher oder tiefer ist.	

[70]

	..	111	112
SPK1 (I) [v]	Und•allgemein glaub ich•äh• •glaub ich	schon	dass man sozusagen•würde man

[71]

	..	113	114 [05:14.5]
SPK1 (I) [v]	jetzt ähm ((1s)) äh in bestimmten		((hustet))
[k gen]		((Außenstehende reden zu Sprechern 8,5s))	

[72]

	..	115
Intv. [v]		((2s)) also• •du
SPK1 (I) [v]	ähm jetz hab ich auch den Faden verlorn grad ((1s)) ähm	

[73]

	..	116
Intv. [v]	wolltest sagen allgemein gesehn glaubst du schon das ((1s))	das war jetz der
Intv. [k]		etwas murmelnder

[74]

	..	117	118	119 [05:26.0]
Intv. [v]	la		Tonlage!	
Intv. [k]			wirft ein	
SPK1 (I) [v]		allgemein (...)		Tonlage ja ähm ((1s)) aso allgemein gesehn glaub

[75]

	..	120	121
SPK1 (I) [v]	ich schon dass• •dass die Tonlage	wichtig	ist halt äh oder• •dass man davon

[76]

	..	122	123		
Intv. [v]		Mhm• •	aber •also	Tonlage	bedeutet•
SPK1 (I) [v]	abesehn kann von wo man kommt sozu	sag en.			

[77]

	..	124 [05:39.0]
Intv. [v]	((1,5s))	
SPK1 (I) [v]		Ton(...)((1s)) Tonlage bedeutet für mich jetze• •ähm•wie ((1s)) ähh•

[78]

	..	125	1:	1:	128
SPK1 (I) [v]	•wie wie	hoch	[illegible]	[illegible]	man spricht •und auch•ähm• •würd ich auch sogar die

[79]

	129	130	131
Intv. [v]			Okee g t . Also• •wie
SPK1 (I) [v]	Lautstärke	son bisschen mit rein nehmen und ähh• • j .	

[80]

	132	133	134	135	136 [05:55.6]	137
Intv. [v]	hoc h	insgesamt	und wie tief	insgesamt.		oder
SPK1 (I) [v]	Tonlage				((1s))Genau Aber auch (...)	

[81]

	..	138	139	140
Intv. [v]	meinst du die Bewegungen			
SPK1 (I) [v]		Nee! Also	die ((1s))	hab ich ja jetz auch n bisschen

[82]

	141	142
SPK1 (I) [v]	erwähnt	immer mal wieder zwischendrin aber die meine ich jetz nich mit

[83]

	143	144 [06:03.0]	145	146	147	148
Intv. [v]	Mh m .	okee. Das is	wichtig	zu wissen.		
Intv. [k]				glucksen d	((kichert, 2s))	
SPK1 (I) [v]	Tonlag .					Also•weil dann• •würde
SPK1 (I) [k]					*kichert ((kichert, 2s))*	

[84]

	..	149	150	151	152
Intv. [v]				Ja ja	ja. Äh
SPK1 (I) [v]	mans ja denn	Tonumfang	oder so• • würd ichs dann nennen•	sozusagen.	

[85]

	15:	154 [06:13.0]	15	156
Intv. [v]				
Intv. [k]	lacht			
SPK1 (I) [v]		Ah des is aber	[illegible]	interessant weil da kann man zum Beispiel
SPK1 (I) [k]		*hat neuen Einfall, enthusiastisch*		

[86]

	..
SPK1 (I) [v]	sagen der Tonumfang im• •ääh•was ich als Polnisch oder Russisch äh

[87]

	..	157	158
SPK1 (I) [v]	identifiziere•ähm is für mich•äh geringer als jetz zum	Beisp iel	im
[k gen]		((Nebenruf))	

[88]

	..	159 [06:25.0]	160	161
Intv. [v]				Mhm ˙
SPK1 (I) [v]	Französischen. ((1s))	Weil daa• •mehr dieses	"hui du	du
SPK1 (I) [k]			*auf und ab mit der Stimme,Schlangefärmig auf*	

[89]

	..	162	163	164	165	166
Intv. [v]			Achso du	würdest sagen		die Polen
SPK1 (I) [v]		dudu " ((1s))		Deshalb	klingt	
SPK1 (I) [k]	*und ab mit der Grundfrequenz, nonaspierites D, säuselnd*					

[90]

	..	167	168 [06:32.7]
Intv. [v]	und die Russen quasi die bewegen sich		
SPK1 (I) [v]		((unv.))	"DöDöDöDö
SPK1 (I) [k]			*aspiriertes D, fast wie T, wie Maschinengewehr,*

[91]

	..	169	170	171
SPK1 (I) [v]		Ja! Ich find da is es mehr ((1s))	so nacheinander.	
SPK1 (I) [k]	*tiefere Stimme*		*spricht nach hinten gebeugt*	
[k gen]				((Gespräch mit

[92]

	..	172 [06:43.0]
Intv. [v]		Ähhm ((2s)) Okee Ich glaub dass•ähh ((3s)) Ja •und•also ja
[k gen]	Außenstehenden, 7s))	

[93]

	..
Intv. [v]	und Russisch und Polnisch stehn• •für dich wenn du sie als Fremdsprache

[94]

	..	173	174 [06	17	176
Intv. [v]	hörst, wie stehen die zueinander? Also, um das noch	mal (...)			
SPK1 (I) [v]			Für	mich	• •

[95]

	177	178	179 [06:59.0]	180
Intv. [v]		Mhm´		
SPK1 (I) [v]	sind Russisch und Polnisch sehr ähnlich.		Also ähmm ((1s)) ich• •	muss

[96]

	181
SPK1 (I) [v]	jetz sozusagen vielleicht würd ich mich damit mm(...)•bess (...) mal• •

[97]

	..
SPK1 (I) [v]	intensiver damit auseinandersetzen und mich mal irgendwo•hinsetzen und des

[98]

	..	182	183	184	185
Intv. [v]		Mhm´			
SPK1 (I) [v]	genau• •		mir anhören ((1s)) dann•wärs vielleicht auch	anders	ich kann

[99]

	..	186 [07:12.0]
Intv. [v]		Mhm hast du Kontakt•aso•hast du (...)
SPK1 (I) [v]	beide Sprachen auch nich spreche	

[100]

	187	18	189	190	191
SPK1 (I) [v]	Mit•mit•einigen Russen hab ich Kontakt und	jetzt	dadurch	dass ich an	der Uni
SPK1 (I) [k]				*kichernd*	

[101]

	..	192	193
SPK1 (I) [v]	bin hört man immer mal Polnisch•aber gut, das kann auch	irgend	was anderes

[102]

	1[illegible]	195	196	198
Intv. [v]	Ja.		•Oke.	Okee! Gut, dankeschön!
SPK1 (I) [v]	[illegible]	so• • •also• •aber nich direkt.		

I-1 Qualitative Auswertung Französisch[6]

Hörprobenbeschreibung (Frage 7)	Freie Vorstellung (Frage 6)
„Keine explizite Merkmalsnennung“, 3x ***Segmentalia*** Artikulationsmodus - nasales Sprechen Lenis/Non-Aspiration - „FuCHs“, 6x - „g“ in „sagte“ Konsonanten - „kein h“, 4x - „ch=sch“, 18x - „starkes r“, 3x - „Starke Hervorhebung der Konsonanten“, 2x - „sch“ - eher als „s“ gespr. - kein weiches „s“ - s z - „sp“ - unterschiedliche Aussprache/Betonung des SCH Vokale - „e als ö“, 8x - u wird leichtes ü - umdréhte wie é (heller) - „gezeeehmt“ - Umlaute - Aussprache der Umlaute - unsichere Aussprache der Umlaute	„Keine explizite Merkmalsnennung“, 2x ***Segmentalia*** Artikulationsmodus - nasal - nasale Aussprache der Vokale - näseln - nasal Lenis/Non-Aspiration - g statt k - weiche g-Laute Konsonanten - „kein h“, 17x - „ch=sch“, 14x - sch statt g - sch statt s - sch statt s - s wird oft zu sch - nur scharfes s *(AR: Stimmbeteiligung, gibt nur stimmlos in Franz.)* Vokale - „e als ö“, 4x - eine Art „o“ statt „a“ - au wie o - Vokale klingen oft wie Umlaute (besonders o und u) - u zu ü

[6] Von der Forscherin vorgenommene Paraphrasierungen, die eine Kategorie bilden, werden mit „[…]“ gekennzeichnet. Ungekennzeichnete Nennungen sind original von den Fragebögen übernommen worden.

- „Auslassen der Endsilben“, 2x - andere Vokalbetonung als im Deutschen (bei „pielen“ wid „-en“ deutlich mitgesprochen)	Epithese - verschluckte Endungen, meist das e - bei jedem Wort wird ein e rangehangen
Suprasegmentalia Intonation - Sprachmelodie - Melodie des Französischen - emotionale Melodie - melodisch - sehr melodiös - melodische Sprache - „der sich umdrehte“ Stimme geht hoch - zum Ende hin höhere Stimme - Hochgehen am Ende des Satzes	***Suprasegmentalia*** Intonation - Melodie ist ganz anders - Singsang - Singsang - oft/meistens zum Satzende hin Stimme hoch - Stimme geht beim Satzende hoch
Akzent/ Betonung - „Art der Betonung“ - Betonung - falsche Silbenbetonung - andere Betonung der Wörter - „umdrehte“ typisch betont - betonte Endsilben	Akzent/Betonung - Betonung
Sprachrhythmus - Sprachrhythmus des Franz - französische Metrik auch ins Deutsche übernommen	Sprachrhythmus - Pausen - viele Pausen
Intensität - Sehr schwach[7], z.B. „ihm“	
„weich“ - nicht so gestochen - weiche Satzenden - weiche Aussprache - „weich“: Klingt härter als 1. Text (AR: Tipp F), daher Polnisch, weil Deutsch ja auch härter ist (als Französisch z.b.)	„weich“ - weich => selbst harte Laute im Deutschen klingen weicher - weiche Betonung - Sprache/Buchstaben weicher - sanft, weich - weich klingend und deswegen dissonant, weil Deutsch eher aus harten Silben besteht - viele Wörter werden genuschelt

[7] Diese Nennung wird wegen semantischer Ähnlichkeit in die Kategorie „weich“ eingeordnet.

„fließend“ - Sprachfluss - gebundene Aussprache, „geleiert“ - fließend gesprochen, Wörter stark zusammengezogen - klare Abgrenzung der Wörter, daher kein Französisch „abgehackt“ - bisschen abgehackt - etwas abgehackt - etwas stockend „hart“ - teilweise härter	„fließend“ - Sprache/Buchstaben flüssig - säuselnd „abgehackt“ - relativ hart/abgehackt - jedes Wort wird einzeln ausgesprochen (von anderen getrennt) - stocken, zögern im Satz - etwas stockend
Charakterliche Beschreibung - eher ruhiges, zurückhaltendes Temperament - süß	**Charakterliche Beschreibung** -------
Aussortiert Dauer/Quantität - „langes m in „gezähmmt““, 3x Vokale - lange Betonung der Vokale - VorderZungenVokal: „bien“ statt „bin“ - „dier“ - betontes i - stark betontes i - Starke Betonung von i und e - Betonung i - langes i - kurzes „i“ (auch bei „ie“) - Betonung des „u“, langes u, - starke Betonung und langziehen der Vokale - starke Betonung des i, - langgezogenes i in „Augenblick“ und „Stimme“ - Ich - i länger - i wird stark betont - „Stimme“ - Betonung von „IIIch“	**Aussortiert** Dauer/Quantität - langziehen Merkmale anderer Bereiche (Syntax, usw.) - öh/eh nach jedem zweiten Satz - bei allen romanischen Sprachen falsche Satzstellungen (v.a. bei zusammengesetzten Verben) - oft franz. Wörter eingebaut - Satzstellung bleibt Französisch - Benutzung französische Füllwörter, gramm. Ungenauigkeiten

- „i“ betont, „u“ betont, „e“betont, VOKALE - l => ll (spielen) - „spill mit mör“ - „spielen“ - kurze Vokale - Ä in „gezähmt“ sehr kurz gesprochen - Vokale sehr kurz betont/abgehackt, auch die Umlaute - Wörter kurz ausgesprochen - Worte werden langgezogen Sonstiges - sehr charakteristischer Akzent - „Guten Tag“ ähnlich wie 1.Text - „Apfelbaum“ (PL?) - kaum hörbar, dass es sich nicht um MS handelt - Artikulationsstelle: Gesprochenes kommt aus Kehlbereich - holprig gelesen - „uten Tag“ - unterscheidet sich jedoch stark von Sprecherin von Text 1 (A.R.: bei Text 1 auch auf F getippt)	

I-2 Qualitative Auswertung Polnisch

Hörprobenbeschreibung (Frage 7)	Freie Vorstellung (Frage 6)
„keine explizite Merkmalsnennung“, 14x Ableitung - für mich die eindeutigste Stimme, abgeleitet von unseren poln. Studenten - klingt wie polnische Nutte - klingt wieder ein bisschen russisch (obwohl recht hohe Tonlage) - klingt schon wieder so östlich (russisch, polnisch)	„keine explizite Merkmalsnennung“, 13x Ableitung - klingt wie Russisch, klumpig - eindeutig slawisch zuzuordnen

Segmentalia Konsonanten - „gerolltes R“, 24x - h wird fast ausgelassen - weiches „ch“ - kein Problem bei „sch“-Lauten - SCHtimme - komm und SCHpielmitmir Vokale - offenes o, e in gezähmt - offenes o - Schwierigkeiten bei „e“, „umdrehte“ auffallend - umdrette - drehte zu „dräte“ - e zu ä - helle Laute eher dunkel betont - i zu o oder u ***Suprasegmentalia*** Intonation - Stimmveränderung im Laufe des Satzes (besonders am Ende des Satzes) - „Komm und SCHpielmitmir“ => Sprachmelodie ist die gleiche - Singsang der PL wiederzuerkennen - Singsang ist hörbar - Melodie nach unten gehend - abgesenkte Stimme am Wortende Akzent/Betonung - komm und SPIEL mit mir (andere Betonung) - leichte, aus dem Sprachlaut des PL bekannte Betonung - typisch polnische Betonung - Betonung bestimmter Worte „dir“ - starke Betonung - unbetont (sehr schwer!), für IT und ESP zu unbetont vorgelesen (aber vielleicht nur Vorurteil, dass ESP und IT betont lesen)	***Segmentalia*** Artikulation - eher nasale Aussprache einiger Vokale Konsonanten - „gerolltes R“, 11 x - viele „ch“-Laute - „ch“ stark betont - s sehr scharf gesprochen ***Suprasegmentalia*** Intonation - unmelodische Stimmführung - unmelodische Betonung - andere Klangmelodie als in Dt. - Singsang überträgt sich Akzent/Betonung - sehr unbetont

<table>
<tr><td>
<u>Sprachrhythmus</u>
- Sprachrhythmik

<u>Intensität</u>
- Lautstärkeänderung

<u>Lenis/Non-Aspiration</u>
- „blick“ nicht starkes „ck“
- Tag
- sehr sanft (A.R.: Vermutung: idiolektal bedingt, da es nicht zum restlichen Polnisch-Bild passt)

<u>„hart“</u>
- hört sich härter an
- typisch slawisch, Sehr harte Aussprache,
- klingt härter als 1. Text daher PL, weil Dt. ja auch härter ist (als Franz z.b.)
- härtere Aussprache
- härtere Aussprache (der Konsonanten)

<u>„abgehackt“</u>
- Sprachfluss her, ein wenig abgestockt
- eher stockende Aussprache
- sehr deutliche Aussprache, klare Abgrenzung der Wörter, daher kein Franz.
- (hatte erst Spanisch) Wörter aber zu sehr voneinander getrennt, daher eher Polnisch
</td><td>
<u>„hart“</u>
- harte Betonung
- klingt teilweise härter, obwohl viele Wörter im PL mit polnischen „sch“-Lauten gefüllt sind
- harte Aussprache
- hart

<u>„abgehackt“</u>
- abgehackter
- stockend

<u>Sprechstimmlage</u>
- tiefe Stimmlage
</td></tr>
<tr><td><u>Charakterliche Beschreibung</u>
- in Polen gute Kenntnisse des Dt., vielleicht aus Familie</td><td><u>Charakterliche Beschreibung</u>
----</td></tr>
<tr><td><u>Aussortiert</u>
- nur geringer Akzent (AR: Vermutung ähnlich wie oben, „gute Kenntnisse in Dt., vllt Familie aus Polen?)
- „nichts“ wie „nichs“ ausgesprochen
- Sprachaufbau (AR: ????)
- typisches s
- Betonung vom letzten Satz (AR?????)
- undeutliches Trennen der Vokallaute zwischen Konsonanten
- i zu o oder u
- u und i auffällig</td><td><u>Aussortiert</u></td></tr>
</table>

Vokalquantität - „i“ lang gezogen - i langgezogen - kurzes i in „erschien“ - i betont - ihm als „im“ - lang gezogenes „u“ bei „schlug“ - „u“ ist sehr lang - Betonung des a - „Tag“ sehr langes a - Tag * - langgezogenes „au“ bei traurig - lange Vokale - sehr betonte Vokale - langgezogene Vokale und Umlaute - kurze Vokale - Aussprache der Vokale wie im Polnischen	Vokalquantität - kurze Vokale - langgezogene Vokale z.b. uuund, Kiind - langgezogene Vokale, sowie deren starke Betonung - Betonung auf Vokale (AR: wirkt auf Dauer aus)

I-3 Qualitative Auswertung Spanisch

Hörprobenbeschreibung (Frage 7)	**Freie Vorstellung (Frage 6)**
„Keine explizite Merkmalsnennung“, 5x ***Segmentalia*** Konsonanten - „gerolltes R“, 6x - ch wie in „Rachen“ ausgesprochen, daher kein Italienisch - veränderte Aussprache des „ch“ - h sehr schwach - stummes h - ganz weiches b - z als ß	„Keine explizite Merkmalsnennung“, 9x Ableitung - ähnlich wie Italienisch, flüssigere Sprachmelodie ***Segmentalia*** Konsonanten - „gerolltes R“, 8x - „lispeln“, 6x - „scharfes s“, 5x - sprechen kein h - Probleme mit Aussprechen des H - sch und ch nicht deutlich ausgesprochen - Schwierigkeiten mit „sch“, „ch“ etc. - vor „sch“ setzen oft ein „t“, wie „tschön

	- sch und ch nicht deutlich ausgesprochen - Schwierigkeiten mit „sch“, „ch“ etc. - sehr weiche B und D - w wird zu b
<u>Vokale</u> - umdrähte (typischer Latinoakzent) - umdrette	<u>Vokale</u> - geschlossene Vokale
<u>Lenis/Non-Aspiration</u> - „dag“ statt „Tag“= nicht so hart - „Fuchs“ ganz weich ausgesprochen, fast verschluckt - t als d gesprochen	
Suprasegmentalia <u>Intonation</u> - Sprachmelodie - geschwungenere Aussprache - nicht melodiös	***Suprasegmentalia*** <u>Intonation</u> - oft/meistens zum Satzende hin Stimme hoch - spanische/Latino-Melodie wird nachgeahmt
<u>Akzent/Betonung</u> - auf Grund der so deutlich falschen Betonung im Satz - sehr artikulierten Lesen mit starker Betonung - aber vielleicht nur Vorurteil, dass Spanier und Italiener betont lesen	<u>Akzent/Betonung</u> - Betonung - oft nur kurze Akzente
<u>Sprechtempo</u> - schneller	<u>Sprechtempo</u> - relativ schnell - schnellerer Sprachrhythmus - schnelles Sprechen
<u>„fließend“</u> - (hatte erst Spanisch) Wörter aber zu sehr voneinander getrennt, daher eher Polnisch	<u>„fließend“</u> - Wörter werden (durch schnelles Tempo) eher undeutlich ausgesprochen und fließen oft ins nächste Wort über
<u>„hart“</u> - eher harte Sprache, nicht melodiös - harte Aussprache - scharfe, aber stockende Aussprache	<u>„weich“</u> - Wörter klingen weicher
<u>„abgehackt“</u> - Sprachmelodie nicht fließend, eher abgehackt - stockende Aussprache - scharfe, aber stockende Aussprache - sehr artikuliertes Lesen	<u>„abgehackt“</u> - stakkatoartiges Sprechen

Charakterliche Beschreibung - „traurig“ sehr langgezogen daher leidenschaftlich, gefühlvoll	**Charakterliche Beschreibung** ----
Aussortiert Vokale - starke Betonung der Vokale - i und e sehr kurz - kurze Vokale - lange „a“, „u“-Silben - weiß nicht, wann Worte gedehnt ausgesprochen werden (mit h) - „dier“ - „ich kann nicht mit diA spielen“ - ich kann nicht mit dia spielen - „spielEN“ (klang irgendwie typisch Spanisch), könnte aber auch IT sein - „l“ = „ll“ gesprochen - „gutentag“ zusammengezogen - „ich kann nicht mit diA spielen“ (hier schneller gesprochen)	**Aussortiert** Merkmale anderer Bereiche (Syntax, usw.) - viel äääh s - eh“ nach Wörter - bei allen rom. Sprachen falsche Satzstellungen (v.a. bei zusammengesetzten Verben) Vokaldauer - starke Vokalbetonung - oft nur kurze Akzente - langziehen

I-4 Qualitative Auswertung Italienisch

Hörprobenbeschreibung (Frage 7)	Freie Vorstellung (Frage 6)
„Keine explizite Merkmalsnennung“, 8x ***Segmentalia*** Konsonanten - „gerolltes R“, 8x - sp und sch => auffallende Schwierigkeiten - „sch“-Laute - stark betontes „s“ am Wortende („Fuchs“) - kein h - Probleme mit „h“ - „ch“ wie in Rachen ausgesprochen, daher kein Italienisch Vokale - „a“ statt „e“ *(A.R.: wahrscheinlich „ä“ gemeint)* - „ä“ statt „e“	„Keine explizite Merkmalsnennung“, 7x ***Segmentalia*** Konsonanten - „gerolltes R“, 7x - viele s-Laute (beim z z.B.) Vokale - „e“ wie “ä“ (schnällär) Epithese - an meisten der Worte kurzes „e“ gehängt - oft angehängtes „e“ an Worte

<table>
<tr>
<td>Fortis/Aspiration
- „Guten Tag“ fällt auf, weil g wie k gesprochen

Suprasegmentalia
Intonation
- fließende Melodie
- Sprachmelodie
- sehr temperamentvolles Vorlesen

Akzent/ Betonung
- Schwierigkeiten bei richtiger Betonung
- „Stimme“ spezielle Betonung *(A.R.: Akzent auf i)*
- „traurig“-Betonung
- „traurig“
- starke Betonung des „dir“
- aber vielleicht nur Vorurteil, dass Spanier und Italiener betont lesen

Intensität
- laut

„fließend“
- Verbindung der Wörter
- fließende Melodie

„weich“
- weich gesprochen

„hart“
- leicht „scharfe“ Aussprache
- härtere Aussprache</td>
<td>- e wird an Wortenden gehängt
- überflüssiges „ä“ am Wortende
- teilweise Anhängsel an bestimmte Wörter
- „ä“ statt „e“ am Wortende

Suprasegmentalia
Intonation
- oft/meistens zum Satzende hin Stimme hoch
- Sprachmelodie typisch italienisch
- viel Betonung von Höhen und Tiefen
- melodisch, eher wie Singsang
- melodisches Sprechen
- veränderte Sprechmelodie
- typische „Melodieabschnitte“ (durch typische Pausen)

Akzent/Betonung
- andere, klangvolle Betonung
- andere Betonung
- starke Betonung der 1. Silbe
- falsche Betonung (langgezogene bzw. Betonung der Wortenden)
- betont

Sprachrhythmus
- typische Pausen
- Pausen
- klingt sehr rhythmisch

Intensität
- recht laut

„fließend“
- Wörter werden zusammengezogen (keine Pausen, eher Redefluss)</td>
</tr>
<tr>
<td>**Charakterliche Beschreibung**
- sehr temperamentvolles Vorlesen</td>
<td>**Charakterliche Beschreibung**
- klingt temperamentvoll
- leidenschaftlich, ausdrucksstark</td>
</tr>
<tr>
<td>**Aussortiert**
Quantität/Dauer
- langes i
- kurzes „ie“</td>
<td>**Aussortiert**
Quantität/Dauer
- Vokale werden lang gezogen und
- Langziehen</td>
</tr>
</table>

- kurzes u - Vokalbetonung - Worte gedehnt ausgesprochen, langgezogen - Leserin ist in D aufgewachsen - klingt wie Michelle Hunziker	- Betonung liegt auf Vokalen (langgezogen - stark betonte Vokale - stark betonte Vokale z.b. Maaamaaa miiaaa - gedehnte Aussprache (v.a. bei Vokalen) - starke Vokalbetonung - langgezogene Wörter - Vokale langgezogen - langgezogene Vokale - langziehen der Vokale, jedoch nicht so ausgedehnt wie in Wien - langgezogene Silben - Betonung oft auf letzten Worten im Satz - starke Untermalung durch Gestik - Gestik - mit viel Gestik - Gestik Merkmale anderer Bereiche (Syntax, usw.) - viel „ääh“ als Bindewort - Benutzung ital. Füllwörter anstelle von „ähm“ etc. - bei allen romanischen Sprachen falsche Satzstellungen (v.a. bei zusammengesetzten Verben) - falsche Wortreihenfolge, besonders bei „nicht“ - benutzen oft „so“ am Anfang - oft das Wort „eh“ benutzt

Screenshots aus dem Programm *Praat* zu Sprechstimmlage und Register

J-1 Imitation 1 PL (Sprechstimmlage)

Min. 01:58 - 02:04

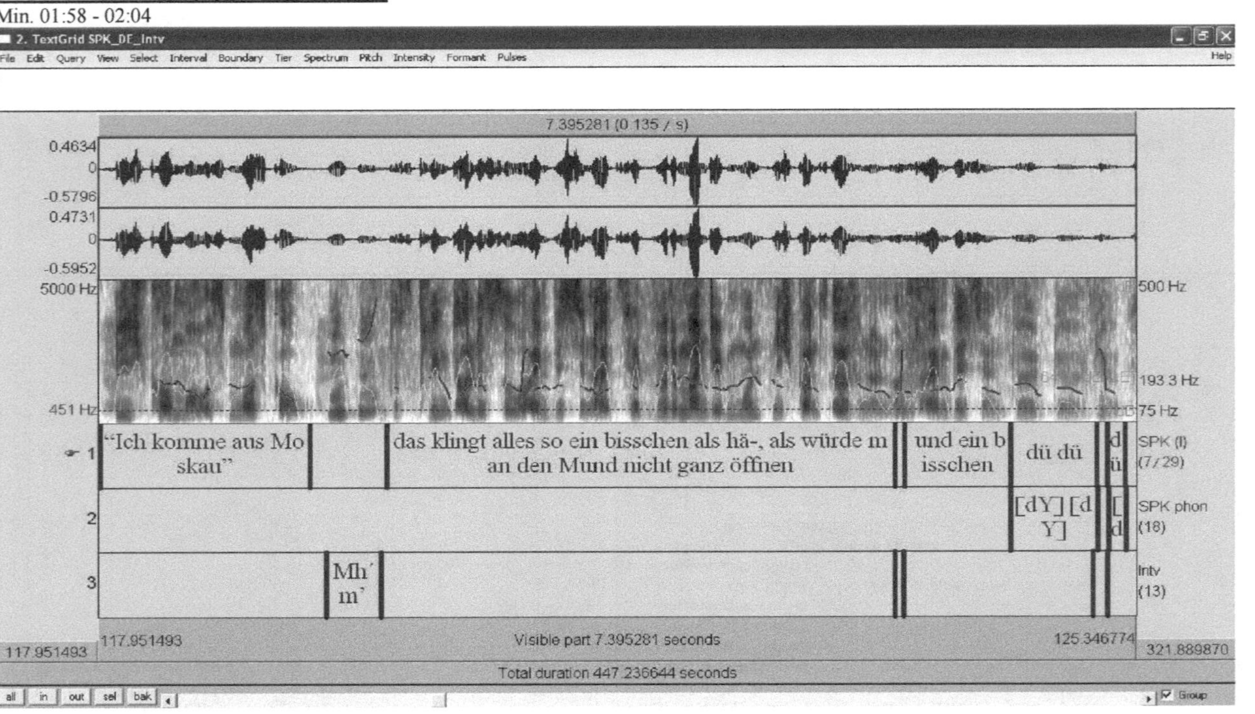

J-2 Imitation 1 F (Sprechstimmlage)

Min. 03:17 - 03:19

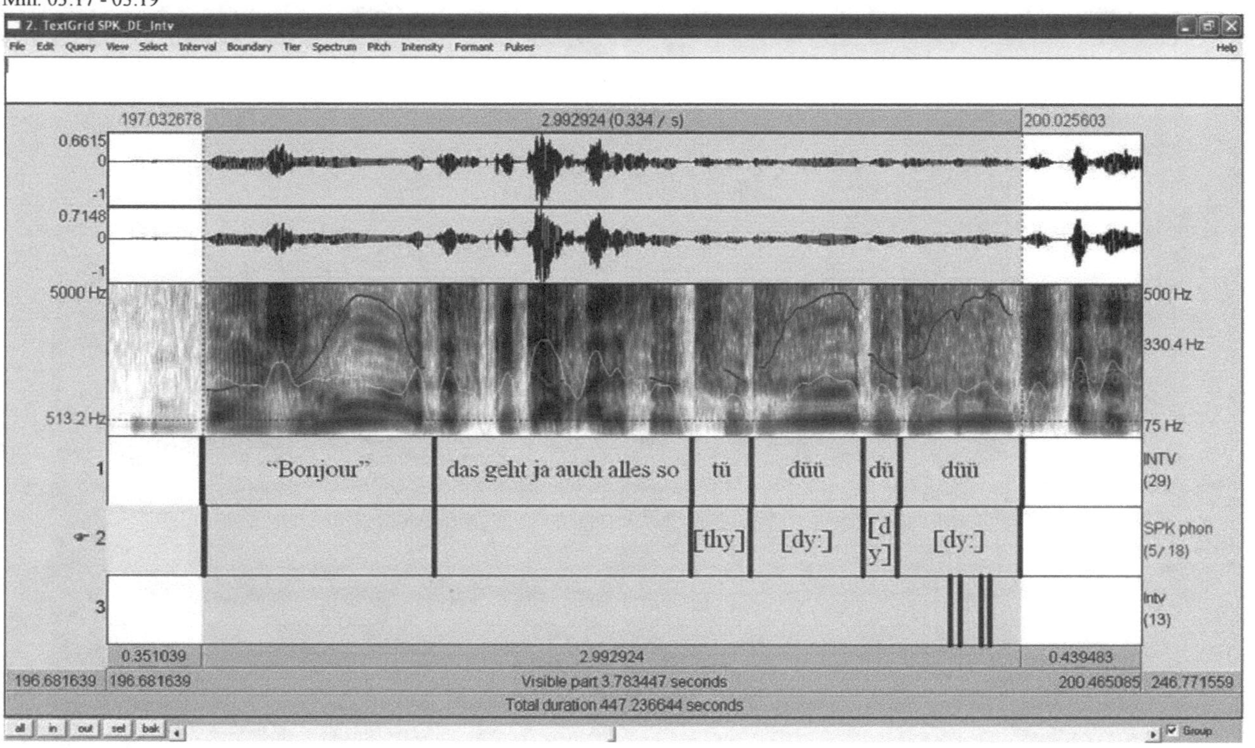

J-3 Imitation 2 PL (Register)

Min. 06:32 - 06:33

J-4 Imitation 2 F (Register)

Min. 06:26 - 06:28

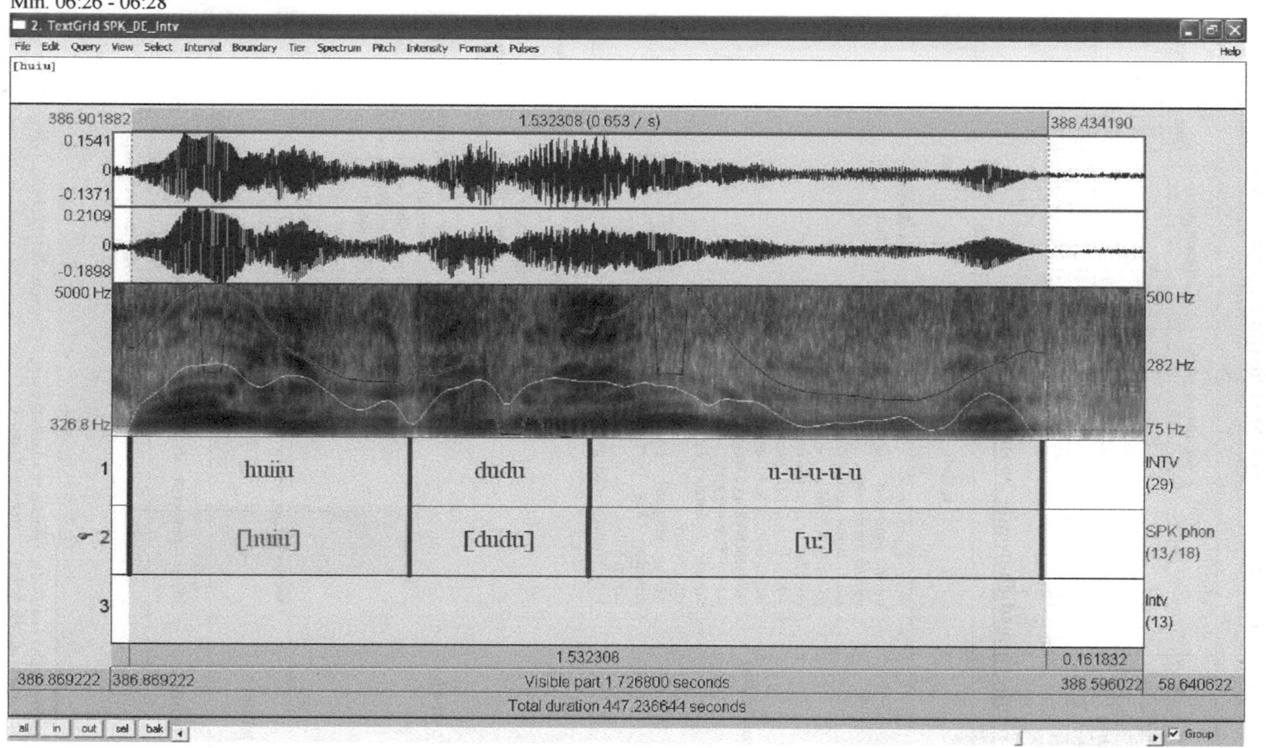

K F_0-Werte der Sprecherinnen für Sprechstimmlage und Register

	Sprechstimmlage (*mean-pitch*)	*(minimum pitch)*	*(maximum pitch)*	Register (*max.-min. pitch*)
Italienerin	194 Hz	137 Hz	357 Hz	220 Hz
Polin	222 Hz	158 Hz	454 Hz	296 Hz
Spanierin 1	226 Hz	108 Hz	437 Hz	329 Hz
Spanierin 2	254 Hz	138 Hz	495 Hz	357 Hz
Französin	278 Hz	79 Hz	513 Hz	434 Hz

L-1 Orientierungsdichotomie „weich/hart“[8]

	weich	**hart**
Französisch	- *nicht so gestochen* - *weiche Satzenden* - *weiche Aussprache* - *klingt härter als 1. Text (A.R.: Tipp F), daher Polnisch, weil Deutsch ja auch härter ist (als Französisch z.B.)* - *sehr schwach, z.B. „ihm“* - weich => selbst harte Laute im Deutschen klingen weicher - weiche Betonung - Sprache/Buchstaben weicher - sanft, weich - weich klingend und deswegen dissonant, weil Deutsch eher aus harten Silben besteht - viele Wörter werden genuschelt	- *teilweise härter* - relativ hart
Polnisch	----	- *hört sich härter an* - *typisch slawisch, Sehr harte Aussprache* - *klingt härter als 1. Text (A.R.: Tipp F), daher Polnisch, weil Deutsch ja auch härter ist (als Französisch z.B.)* - *härtere Aussprache* - *härtere Aussprache (der Konsonanten)* - klingt teilweise härter, obwohl viele Wörter im PL mit polnischen „sch“-Lauten gefüllt sind - harte Aussprache - hart - harte Betonung
Spanisch	- Wörter klingen weicher	- *eher harte Sprache* - *harte Aussprache* - *scharfe Aussprache* - stakkatoartiges Sprechen
Italienisch	- *weich gesprochen* - klingt temperamentvoll, trotzdem weich	- *leicht „scharfe“ Aussprache* - *härtere Aussprache*

[8] Kursiv gedruckt sind hierbei die Nennungen zu den konkreten Hörprobenbeschreibungen (Frage 7), gerade gedruckt sind die Nennungen aus der freien Vorstellung (Frage 6).

L-2 Orientierungsdichotomie „fließend/abgehackt“

	fließend	abgehackt
Französisch	- *Sprachfluss* - *gebundene Aussprache, „geleiert“* - *fließend gesprochen, Wörter stark zusammengezogen* - *klare Abgrenzung der Wörter daher kein Französisch* - Sprache/Buchstaben flüssig - säuselnd - viele Wörter werden genuschelt	- *bisschen abgehackt* - *etwas abgehackt* - *etwas stockend* - stocken, zögern im Satz - etwas stockend - abgehackt - jedes Wort wird einzeln ausgesprochen (von anderen getrennt)
Polnisch	----	- *vom Sprachfluss her, ein wenig abgestockt* - *eher stockende Aussprache* - *Wörter aber zu sehr voneinander getrennt, daher eher PL* - *klare Abgrenzung der Wörter, daher kein Französisch* - klingt wie Russisch, klumpig - abgehackter - stockend
Spanisch	- *(erst Span.) Wörter aber zu sehr voneinander getrennt daher eher PL* - ähnlich wie Italienisch, flüssigere Sprachmelodie - Wörter werden (durch schnelles Tempo) eher undeutlich ausgesprochen und fließen oft ins nächste Wort über	- *sehr artikuliertes Lesen* - *scharfe, aber stockende Aussprache* - *Sprachmelodie nicht fließend, eher abgehackt* - *stockende Aussprache* - stakkatoartiges Sprechen
Italienisch	- *fließende Melodie* - *Verbindung der Wörter* - *fließende Melodie* - Wörter werden zusammengezogen (keine Pausen, eher Redefluss)	----

L-3 Orientierungsdichotomie „melodisch/unmelodisch“

	melodisch	unmelodisch
Französisch	- *sehr melodiös* - *melodische Sprache* - *emotionale Melodie*	----
Polnisch	----	- unmelodische Stimmführung - unmelodische Betonung
Spanisch	- *geschwungenere Aussprache*	- *nicht melodiös*
Italienisch	- *sehr temperamentvolles Vorlesen* - viel Betonung von Höhen und Tiefen - melodisch, eher wie Singsang - melodisches Sprechen - andere, klangvolle Betonung - klingt temperamentvoll - leidenschaftlich, ausdrucksstark - Sprachmelodie typisch italienisch	----

L-4 Orientierungsdichotomie „betont/unbetont“

	betont	unbetont
Französisch	----	----
Polnisch	----	- *unbetont* - sehr unbetont
Spanisch	- *aber vielleicht nur Vorurteil, dass Spanisch und Italienisch betont lesen*[9]	----
Italienisch	- *sehr temperamentvolles Vorlesen* - *aber vielleicht nur Vorurteil, dass Spanisch und Italienisch betont lesen)* - betont	----

M-1 Einzelne Hörprobenauswertung für Text 3 (ES2)

1. POLNISCH

„Keine explizite Merkmalsnennung“
- (keine Begründung)
- (keine Begründung)
- (keine Begründung)
- kein eindeutiger Akzent

Ableitung
- Polnische Arbeitskollegin hat ähnlich harten Klang in Stimme
- klingt wieder ein bisschen russisch (obwohl recht hohe Tonlage (vom Sprachfluss her, ein wenig abgestockt)
- (sehr schwer!) für Italienisch und Spanisch zu unbetont vorgelesen (aber vielleicht nur Vorurteil, dass Spanisch und Italienisch betont lesen)

Segmentalia

Konsonanten
- rollendes r
- h wird fast ausgelassen

Vokale
- StImme
- i zu o oder u
- u und i auffällig

- offenes o
- e zu ä
- Schwierigkeiten bei „e“„umdrehte“ auffallend
- umdrette
- drehte zu „dräte“

Suprasegmentalia

Intonation
- Singsang der PL wiederzuerkennen
- Lautstärkeänderung
- Betonung vom letzten Satz

[9] Wird zu „freier Vorstellung“ gezählt, da die Bezeichnung von Spanisch und Italienisch hier frei erdacht ist.

- Stimmveränderung im Laufe des Satzes (besonders am Ende des Satzes)

Betonung
- Komm und SPIEL mit mir (andere Betonung)
- leichte, aus dem Sprachlaut des PL bekannte Betonung
- starke Betonung

Rhythmik
- Sprachaufbau bzw. Sprachrhythmik

2. FRANZÖSISCH

„Keine explizite Merkmalsnennung"
- erste Intuition französisch, aber vielleicht doch ESP oder IT

Segmentalia

Vokale
- e eher ö
- „umdröte"
- „gezeeehmt",

3. SPANISCH

„Keine explizite Merkmalsnennung"
- Intuition

Segmentalia

Konsonanten
- r gerollt
- scheint schwer zu sein am „r" vorbeizukommen
- h sehr schwach

Vokale
- umdrähte (typischer Latinoakzent)
- umdrette

- „ich kann nicht mit diA spielen"
- ich kann nicht mit dia spielen

Suprasegmentalia

Akzent/Betonung
- auf Grund der so deutlich falschen Betonung im Satz (IT?F?)

Sprachrhythmus/Sprechtempo
- schneller
- „ich kann nicht mit diA spielen" (hier schneller gesprochen)

„fließend"
- Sprachemelodie nicht fließend, eher abgehackt

„hart"
- eher harte Sprache, nicht melodiös
- scharfe[10], aber stockende Aussprache

[10] Fällt in die Kategorie „hart".

4. ITALIENISCH

„keine explizite Merkmalsnennung"
- (keine Begründung)

Segmentalia

Konsonanten
- „stark betontes „s" am Wortende („Fuchs")

Vokale
- „ä" statt „e"
- „ä" statt „e"

Suprasegmentalia

Laustärke
- laut

„hart"
- härtere Aussprache

Charakterliche Beschreibung
- sehr temperamentvolles Vorlesen

M-2 Einzelne Hörprobenauswertung für Text 5 (IT)

1. POLNISCH

„Keine explizite Merkmalsnennung"
- (kein Grund)
- Intuition
- Ausschlussverfahren
- keine typische dt. Aussprache in komplettem Satz

Ableitung
- für mich die eindeutigste Stimme, abgeleitet von unseren poln. Studenten
- klingt schon wieder so östlich (russisch. polnisch)
- "klingt wie polnische Nutte"
- typisch slawisch
- kenn ich aus Filmen mit russischen Gangstern, Polnisch dürfte sich ähneln

Segmentalia
- gerolltes
- r gerollt
- rollendes r
- r gerollt
- leicht r
- rollendes r
- rollendes r
- stärker gerolltes r
- gerolltes r
- r gerollt
- gerolltes r

- typisches s
- SCHtimme
- Komm und SCHpielmitmir

Vokale
- offenes o, e in gezähmt
- Tag

Suprasegmentalia
Intonation
- Singsang ist hörbar
- Melodie nach unten gehend
- Komm und SCHpielmitmir => Sprachmelodie ist die gleiche
- abgesenkte Stimme am Wortende

Betonung
- typisch polnische Betonung
- Betonung bestimmter Worte „dir

Lenis
- „nichts" wie „nichs" ausgesprochen
- sehr sanft
- Tag

„hart"
- hört sich härter an
- sehr harte Aussprache

„abgehackt"
- eher stockende Aussprache

Sprechstimmlage
- Tonlage

2. FRANZÖSISCH

-----

3. SPANISCH

„Keine explizite Merkmalsnennung"
- (kein Grund)

Segmentalia
Konsonanten
- r gerollt
- gerolltes r
- stummes h
- t als d gespr.
- z als ß

Vokale
- „traurig" sehr langgezogen daher leidenschaftlich, gefühlvoll

Lenis
- „dag" statt „Tag"= nicht so hart

Sonstiges
- „gutentag“ zusammengezogen

Charakterliche Beschreibung
- ruhige, sanfte Stimme
- „traurig“ sehr langgezogen daher leidenschaftlich, gefühlvoll

4. ITALIENISCH

„Keine explizite Merkmalsnennung“
- Intuition
- klingt einfach Italienisch
- (kein Grund)

Segmentalia

Konsonanten
- gerolltes r
- stark rollendes r v.a. bei PRINZ
- gerolltes r
- r gerollt
- gerolltes r
- gerolltes r
- „sch“-Laute
- kein h
- Probleme mit „h“
- „Guten Tag“ fällt auf, weil g wie k gesprochen

Suprasegmentalia

Intonation
- Sprachmelodie
- Worte gedehnt ausgesprochen, langgezogen
- starke Betonung des „dir“

Akzent/ Betonung
- „Stimme“ spezielle Betonung
- „traurig“-Betonung
- „traurig“

„weich“
- weich gesprochen

„fließend“
- Verbindung der Wörter

***ibidem*-Verlag**
Melchiorstr. 15
D-70439 Stuttgart
info@ibidem-verlag.de

www.ibidem-verlag.de
www.ibidem.eu
www.edition-noema.de
www.autorenbetreuung.de